Bernd Hill

BIONIK

in Wald und Flur

Knabe Verlag Weimar

BERND HILL wurde 1947 geboren. Er studierte an der PH/Universität Erfurt im Schwerpunkt Polytechnik. 1987 promovierte er über Erfindungsmethodik, 1995 erfolgte seine Habilitation über Biostrategien und biologische Organisationsprinzipien an der Martin-Luther-Universität Halle.
Von 1998 bis 2012 lehrte Prof. Hill an der Universität Münster im Fachbereich Physik, Institut für Technik und ihre Didaktik. In verschiedenen Unternehmen führt er Innovationskurse durch und bezieht die angewandte Bionik in systematische Produktentwicklungsprozesse ein. Seine Forschungstätigkeit bezieht sich auf Innovationsstrategien, technische Kreativität sowie systematische und angewandte Bionik.

BILDNACHWEIS

Illustrationen Prof. em. Dr. phil. habil. Prof. h.c. Bernd Hill;
Cover shutterstock.com/SciePro; S. 48 Holger Gröschl, https://upload.wikimedia.org/wikipedia/commons/3/34/Urocerus_gigas4.jpg, Wikimedia Commons, lizensiert unter CC BY-SA 2.0 DE; S. 60 Richard Bartz,
Munich Makro Freak, https://upload.wikimedia.org/wikipedia/commons/4/4b/Ixodes_ricinus.jpg, Wikimedia Commons, lizensiert unter CC BY-SA 2.5; Covervorschau Band 19 Richard Eisenmenger Pixabay, WikiImages Pixabay, Photo by Janet on Unsplash https://unsplash.com/@janetab

Der Text wurde vom Autor nach vorliegendem Wissen erstellt und sorgfältig geprüft. Da inhaltliche Fehler trotzdem nicht ganz auszuschließen sind, erfolgen die Textangaben ohne jegliche Verpflichtung des Verlages und Autors. Autor und Verlag übernehmen daher keinerlei Haftung für mögliche inhaltliche Unrichtigkeiten.

1. Auflage Juli 2022

Grafische Bearbeitung, Satz und Layout Rike Schmidt
Lektorat Friederike Andrees
Fachliches Lektorat Konrad Hahn
Druck und Bindung ADverts Printing House

Dieses Buch folgt den Regeln der neuen deutschen Rechtschreibung.
Printed in Latvia

ISBN 978-3-944575-47-6
www.knabe-verlag.de

Inhaltsverzeichnis

Alle Titel der Buchreihe (nach Erscheinen):

1. Die Natur als Ideenschmiede
2. Von Flugfrüchten abgeschaut
3. Leichtbau
4. Riesenseerose und Kristallpalast
5. Schmetterlingen abgeschaut
6. Vom Fliegen
7. Schätze aus dem Tropenwald
8. Schwimmen und Tauchen
9. Wärmedämmung
10. Seil- & Netzkonstruktionen
11. Klimatisierung und Lüftung
12. Schönheit der Natur
13. Tarnen und Täuschen
14. Wettrüsten der Sinne
15. Arznei und Kosmetik
16. Verpacken
17. Roboter und Prothesen
18. Bionik in Wald und Flur
19. Evolution in Natur und Technik
20. 1x1 des naturorientierten Erfindens

»Mir kommen die Wege, auf denen die Menschen zur Erkenntnis gelangen fast ebenso bewunderungswürdig vor wie die Natur der Dinge selbst.«

Johannes Keppler
(1571–1630)
Deutscher Astronom, Physiker, Mathematiker,
Naturphilosoph sowie bedeutender
Erfinder und Entdecker

VORWORT

Lernen von der Natur

Mit dem achtzehnten Band »Bionik in Wald und Flur« wird die Buchreihe unter dem Motto »Frag' die Natur« fortgeführt. Die Reihe wendet sich an eine breite Leserschaft. Sie ist sowohl auf aktiven Wissenserwerb als auch auf eigenständiges Entdecken und Experimentieren ausgerichtet. Comics und Infoboxen lockern die Wissensaneignung auf.

Durch Ausprobieren und interessante Sachverhalte lernen Lesende die Natur in ihrer Vielfalt und ihre Übertragungsmöglichkeiten in die Technik kennen. Die Texte zielen dabei auf mehr als Wissensvermittlung ab: Sie machen neugierig und fordern zum Hinterfragen, Beobachten, Forschen, Modellieren, und Konstruieren auf.

Anschaulich werden Methoden zur Problemerkennung und -lösung dargestellt. So entstehen Freiräume für Kreativität, in denen eigenständiges Erfinden möglich ist. Ein Zugang zur faszinierenden Welt der Naturphänomene ist damit gegeben.

Illustrationen von Tieren mit Sprechblasen sollen dabei helfen, eine andere Perspektive zu eröffnen. Damit ist es möglich, wichtige Erkenntnisse über sie lebendig und unterhaltsam darzustellen.

An manchen Stellen des Buchs regen Rätsel und Denksportaufgaben die Kreativität sowie den Forscher- und Erfindergeist zusätzlich an.

Die Bände enthalten:

- Sachinformationen über interessante und erstaunliche biologische und technische Phänomene,
- Abenteuer des Entdeckens und Erfindens in Form von Bildergeschichten,
- Denk- und Arbeitsweisen von Entdecker- und Erfinderpersönlichkeiten,
- Nützliche Methoden zur individuellen Erschließung von Natur und Technik,
- Spannende Experimente zur Erkenntnisgewinnung und Selbstbau-Anleitungen zur praktischen Erprobung.

Im fortlaufenden Text dienen folgende Symbole zur Orientierung:

Infobox zur Begriffserläuterung	Modelle
Methoden zur Erkenntnisgewinnung und -umsetzung	Experimente
Kreativitätstraining	Professor Bionikus macht auf wichtiges Merkwissen aufmerksam

Viel Spaß beim Lesen,
Forschen und Experimentieren.

1 EINLEITUNG

Der Natur auf der Spur

»In den kleinsten Dingen zeigt die Natur die allergrößten Wunder.«
Carl von Linné (1707–1778)

Die Natur mit all ihren Pflanzen und Tieren steckt voller Wunder. Es gibt wohl kaum etwas Schöneres, als Zeit in der Natur zu verbringen und dort aufmerksam Pflanzen und Tiere in den verschiedensten Lebensräumen zu beobachten. Mit Freude am Entdecken, Wissbegier und Forschergeist können wir den Geheimnissen der Natur auf die Spur kommen, ihre Rätsel lüften und so unser Wissen erweitern. Haben wir neue Erkenntnisse über Pflanzen und/oder Tiere erlangt, entstehen wieder neue Fragen, die einer Beantwortung bedürfen.

Dabei ist es eine Tatsache, dass wir die Schönheit und den Formenreichtum der Lebewesen oft als selbstverständlich hinnehmen. Vieles übersehen wir im Vorbeigehen, weil uns das aufmerksame Beobachten fremd geworden ist. Dabei lohnt es sich, genau hinzuschauen: Wenn man den Blick auf Pflanzen und Tiere am Wegesrand richtet, ihren Aufbau und ihre Lebensfunktionen ergründet, lässt sich manches entdecken, was sich für eine Übertragung in die Technik eignet. Die Natur um uns wird zum Erlebnisraum.
Die Erfahrung können wir schon am Wegesrand bei einem Schmetterling, Käfer

Auf Streifzug durch Wald und Flur

oder einer unscheinbaren Brennnessel machen. Von unserer Aufmerksamkeit, Aufnahmebereitschaft und Kreativität hängt es ab, ob wir die Vorbilder und Anregungen finden, die wir brauchen. Selbst der heimische Garten, die Hecken und Sträucher, Steinhaufen, Bäche und Teiche mit ihrer Lebensvielfalt eignen sich als Ideengeber für neue Entwicklungen. So hat der Biotechniker Raoul H. Francé (1874–1943) in seinem Buch »Die Pflanze als Erfinder« in den 1920er Jahren dazu treffend geschrieben:
Wie viele raffiniert einfache Lösungen für die verschiedensten technischen

> »Jeder Busch, jeder Baum kann ihn (den Menschen) dabei belehren, ihn beraten und ihm Erfindungen, Apparate und technische Einrichtungen sonder Zahl vorweisen.«

Probleme liegen noch in der Natur verborgen und warten darauf, entdeckt zu werden? Es lohnt sich, aufmerksamer und systematisch Pflanzen und Tiere auf ihre technischen Übertragungsmöglichkeiten hin zu untersuchen. Je mehr wir von der Natur lernen und abschauen, umso mehr können wir erfinden und so die weitere technische Entwicklung vorantreiben. Denn Erfindergeist beruht auch auf Beobachtungen und Anregungen aus der lebenden Natur. Zum Beispiel wurden Solarsegel nach dem Vorbild des Flügelfächers vom Ohrwurm gebaut. Es gibt chirurgische Sonden, die vom Legebohrer der Holzwespe abgeleitet sind, oder Salzstreuer, die wie Mohnkapseln funktionieren. Diese und weitere Beispiele werden im vorliegenden Band vorgestellt. An vielen Stellen wird dabei deutlich, dass Natur und Technik oftmals gleiche bzw. ähnliche Lösungen für ein und dieselbe Funktion besitzen. Dabei sind auch solche Funktionen und Baupläne von Lebewesen aufgeführt, für die eine technische Anwendung noch aussteht. Vielleicht habt ihr Ideen, was man daraus ableiten und entwickeln könnte?

Viel Spaß beim Entdecken und Erforschen.

Blumenwiese

2 ANALOGIEBILDUNG – VERSTÄNDNISMITTEL UND PROBLEMLÖSUNGSMETHODE

Anschaulicher Unterricht

»Analogien sind meine zuverlässigsten Lehrmeisterinnen, vertraut mit den Geheimnissen der Natur.«
Johannes Keppler (1571–1630)

Bevor wir mit dem Entdecken und Erforschen beginnen, überlegen wir, wie man von der Natur lernen kann. Um technische Probleme zu lösen, kann man sich anschauen, wie solche oder ähnliche Probleme in der Natur gelöst sind. Diese Übertragung nennt man Analogiebildung.

Analogien, also Ähnlichkeiten zwischen zwei Dingen, können auch als Verständnishilfe das Lernen erleichtern. Das ist sicherlich bekannt. Es ist nämlich hilfreich, wenn der neue Lernstoff durch bereits Bekanntes und Vertrautes verständlich gemacht wird.

Dazu ein Beispiel aus eigener Erfahrung: Im Mathematikunterricht hatte ich nur befriedigende Leistungen. Der Unterricht in diesem Fach war mir zu abstrakt, verbunden mit wenig Anschaulichkeit und Lebensverbundenheit. Das Lernen fiel mir dadurch ziemlich schwer und bereitete mir einfach keine Freude. Als beispielsweise die Sinusfunktion behandelt wurde, habe ich an andere Dinge gedacht, die für mich viel reizvoller waren. Aber diese so abstrakt und langweilig erscheinenden Lerninhalte wurden für mich interessant, als ich später feststellte, dass die Bewegungen der Schwanzflossen von Fischen in Form einer

Sinusschwingung ablaufen. Und als im Physikunterricht das Hebelgesetz vermittelt wurde, war es ähnlich – ich habe auch dort oft abgeschaltet und wendete mich gedanklich anderen Dingen zu. Wenn mir der Physiklehrer damals aber anschaulich vermittelt hätte, dass viele Bewegungen in der lebenden Natur durch das Hebelgesetz zu erklären sind, wäre auch dieser Unterricht für mich viel interessanter und verständlicher gewesen. Hebel sind in der Natur überall zu finden: zum Beispiel im Vogelschnabel oder im Fischmaul. Besonders anschaulich ist die Wirkung des Hebels bei den Knochen und Muskeln des menschlichen Armes. Auf diesen interessanten Hebelmechanismus wird später noch genauer eingegangen.

Unterarm als einseitiger Hebel

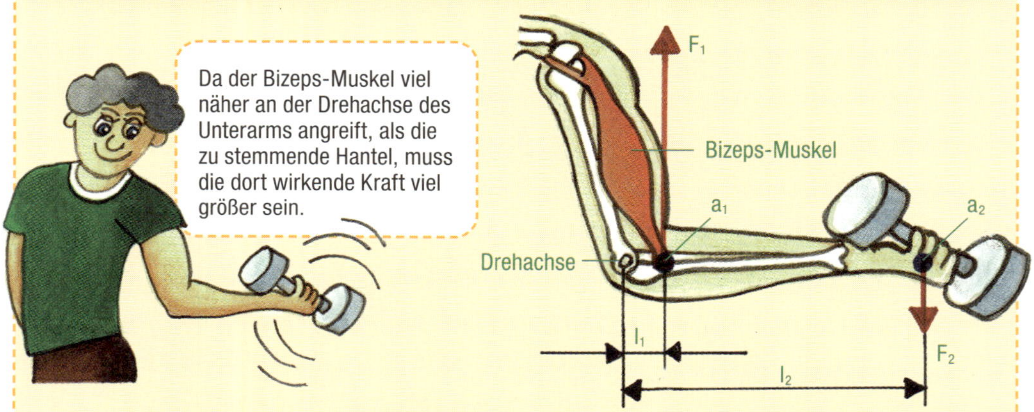

F_1 – Muskelkraft des Bizeps
F_2 – Gewichtskraft der Hantel (Last)

a_1 / a_2 – Angriffspunkte der Kräfte
l_1 – Kraftarm
l_2 – Lastarm

Zur Erklärung und Vermittlung neuer Erkenntnisse ist es also hilfreich, wenn man Analogien verwendet – das belegen die Beispiele aus dem Mathematik- und Physikunterricht.

Merke!

Analogie bedeutet allgemein Ähnlichkeit bzw. Übereinstimmung zwischen zwei Dingen. Die Bildung von Analogien wird als Analogiemethode bezeichnet.

Um Übertragungen aus der Natur in die Technik zu leisten, ist das Erkennen des Zusammenhanges von Aufbau und Funktion bedeutsam. In der Bionik wird daher ausgehend von der gesuchten Funktion nach Pflanzen und Tieren mit ähnlichen Funktionen geschaut. Anschließend werden Übertragungsmöglichkeiten überprüft.

METHODENBAUSTEIN: ANALOGIEMETHODE

Geht es beispielsweise um eine technische Lösung für die Befestigung von Gegenständen an glatten, festen Wänden, ist eine Analogie mit Haftorganen mancher Tierarten hilfreich. Das können Saugwürmer, Kopffüßer, Fische oder Gelbrandkäfer sein.

Natürliche Saugnäpfe sind wirkungsvolle Haftorgane und können durch Zusammenziehen der Muskulatur flach auf eine Unterlage gedrückt werden. Bei anschließender Erschlaffung der Muskulatur entstehen Hohlräume. Sie weisen im Vergleich zur Umgebung einen Unterdruck auf. Das Wirkprinzip gleicht der Befestigung von Haken mit Gummisaugern an Badfliesen.

Haftung durch Unterdruck

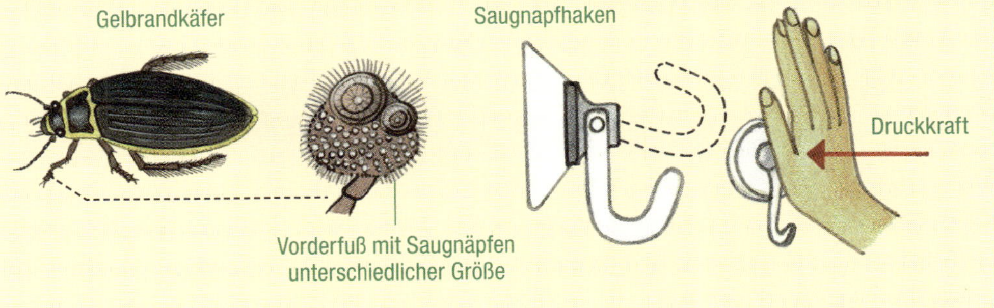

Ein interessantes Naturprinzip regt allgemein dazu an, eine Erfindung daraus zu machen. Dabei muss nicht unbedingt ein technisches Problem vorliegen. Ein Beispiel dafür ist der allgemein bekannte Klettverschluss. Aus der Entdeckung der Klettfrüchte mit ihren winzigen Kletthäkchen, die im Fell von Tieren haften, wurde die Erfindung des Klettverschlusses abgeleitet.

3 DIE NATUR – LÖSUNGSQUELLE FÜR TECHNISCHE PROBLEME

Alles schon da gewesen

»In der Klugheit der Natur mit all ihrer wundersamen Vielfalt und einmaligen Schönheit, findest du Antworten auf viele deiner Fragen.«
Unbekannt

Vieles, was der Mensch erfand, gab es schon seit Jahrmillionen in der lebenden Natur. Harpunen, Zangengreifer, Gleitflieger oder selbstreinigende Oberflächen und noch manches mehr existierten als Organe oder Organteile bei Lebewesen längst, bevor der Mensch auf die Idee kam, etwas Ähnliches herzustellen.

Es ist eine Tatsache, dass der Mensch beim Entwickeln technischer Lösungen oft erst später feststellte, dass Gleiches oder Ähnliches schon in der lebenden Natur vorhanden war. Entwicklungsmühe und Zeit hätten gespart werden können, wenn der Mensch sich bei der Lösungssuche in der Natur umgeschaut hätte.

NATUR AUS TECHNISCHER PERSPEKTIVE BETRACHTET

Begibt man sich auf Lösungssuche in die Natur, sollte man Pflanzen und Tiere als Ideenquelle stets mit technischem Blick aufmerksam betrachten. So

Natur als Lösungsquelle für die Technik

1 Samen des Zweizahnes
2 Spitze der Spechtzunge
3 Haftrüssel eines parasitären Wurmes
4 Stachel der Wespe
5 Stechsaugorgan des Holzbockes
6 Hakenfrucht des Löwenzahnes

können wir bei einer Exkursion auf einer Wiese sehen, wie der Wind die ziemlich langen, aber sehr dünnen Grashalme hin und her bewegt und sie dabei leicht auf Biegung beansprucht. Die Halme zeigen elastisches Verhalten. Das bedeutet, dass der Halm nach dem Biegen wieder in seine vorherige Ausgangslage zurückkehrt. Schaut man einen solchen Halm genauer an, so ist ersichtlich, dass er aus kegelstumpfförmigen Stabelementen besteht. Der Halmdurchmesser nimmt daher mit zunehmender Höhe ab. Außerdem wird die Stabilität des Halmes gegenüber Windbelastungen durch die unregelmäßige Vergrößerung der Abstände zwischen den Stängelknoten von unten nach oben erreicht. So wird die

Pflanzenhalm als Leichtbaukonstruktion

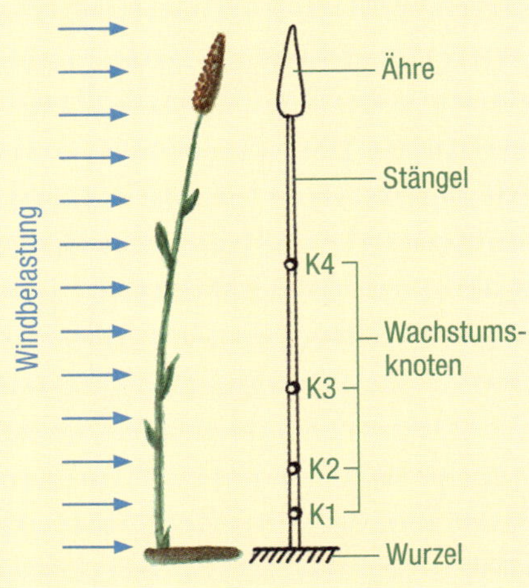

Elastizität des Halmes mit steigender Höhe bei gleichzeitiger Verringerung des Halmdurchmessers immer größer.
Beim näheren Betrachten erkennt man eine Heuschrecke, die auf einem der Halme sitzt. Der dünne Halm ist imstande, nicht nur seine Eigenlast mit dem ausladenden Blütenstand zu tragen, sondern auch noch die gewichtige Heuschrecke. Dabei dehnt sich die Halmwand stets auf der Seite, von der der Wind angreift, und staucht sich auf der gegenüberliegenden Halmseite. Auch bei stärkerer Windbewegung gibt der Halm nicht nach und bleibt standfest. Er ist knicksteif und zeichnet sich gegenüber Belastungen durch eine hohe Stabilität aus.

Fertigt man von einem solchen Halm einen Längs- und Querschnitt an und untersucht die Halmschnitte anschließend mit einer Lupe, kann man den Halmaufbau gut erkennen. Der Halm ist innen hohl und bildet ein langes, dünnes Rohr. Die Schnittflächen des Halmrohres sind aus festen Pflanzenfasern, die aus langgestreckten Zellen bestehen und den Halm gegen äußere Windbelastungen widerstandsfähig machen. Die Halmwand entspricht dem Prinzip der Verbundstabilisierung. Zwei feste, dünne Deckschichten und eine poröse, schwammartige, dicke Zwischenschicht aus Zellen ermöglichen die hohe Stabilität.

Halme gehören zu den materialsparenden Konstruktionen der Natur und verkörpern dort mit dem Röhrenprofil und der Verbundstabilisierung in idealer Weise den Leichtbau (vgl. Band 3 »Leichtbau« der Bionik-Reihe). Solche Leichtbaukonstruktionen lassen sich überall im Pflanzen- und Tierreich entdecken. Sie können also nicht nur in Pflanzenstängeln und Halmen, sondern beispielsweise auch in Krallen und Vogelschnäbeln, Knochen sowie in Chitinpanzern von Insekten nachgewiesen werden.

In den Entwicklungsprozessen der Natur werden Körperteile und Organe, die einer hohen Belastung ausgesetzt sind, mit biologischer Masse verstärkt. Bei geringer belasteten Bereichen dagegen wird weniger Material angeordnet. Das entspricht dem Minimum-Maximum-Prinzip in der Natur. Es besagt, dass die Materialausnutzung im Aufbau von Pflanzen und Tieren durch wirkungsvolle Anordnung von Verstärkungselementen erfolgt. Mit einem Minimum an Biomasse bzw. Material und eingesetzter Energie wird daher ein Maximum an Stabilität und Funktionszuverlässigkeit erreicht.

4 IDEENQUELLE GARTEN

Gärten als Lebensraum

Unsere Gärten können Lebensraum für viele Tier- und Pflanzenarten sein. Überlassen wir dort einige Stellen sich selbst, fühlen sich Tiere und Pflanzen besonders wohl. Dann können wir ihnen in unserer unmittelbaren Umgebung begegnen. Oft entdecken wir bei vielen dieser Lebewesen interessante Dinge, die für Übertragungen in die Technik bedeutsam sein können.

VORBILD REGENWURM

Ein Tier, das wir im Garten finden können, ist der Regenwurm. Auf einem Hektar Ackerboden, das entspricht einem Quadrat von 100 Metern Seitenlänge, leben etwa ein bis zwei Millionen Regenwürmer. Sie sind sehr nützlich, weil sie den Boden durchmischen und mit Nährstoffen anreichern. Bei ihnen gibt es außerdem einiges abzuschauen. Der Regenwurm, mit wissenschaftlichen Namen *Lumbricus terrestris*, verfügt nämlich nicht nur über eine außergewöhnliche Grabetechnik, sondern auch seine Fortbewegung ist beachtenswert.

Obwohl er keine Grabeschaufeln wie der Maulwurf hat, kann er sich ziemlich mühelos durch das Erdreich wühlen. Dafür benutzt er sein spitzes, kegelförmiges Kopfende, welches er mit seinen kräftigen Muskeln wie einen Keil in das Erdreich drückt. So schiebt er die Erde auseinander. Der Regenwurm

Regenwurm *(Lumbricus terrestris)* – Grabetechnik und Wirkung der Borsten beim Verankern

besteht aus einer Vielzahl gleichartiger, gegliederter Ringe. Bewegt sich der Regenwurm fort, verkürzt und streckt er abwechselnd diese Ringe mit Hilfe seiner Längs- und Quermuskeln (vgl. Band 17 »Roboter und Prothesen« der Bionik-Reihe). Aber zur Fortbewegung gehört noch etwas Wichtiges dazu – die Borsten, die sich an jedem Ring befinden. Jeder Ring ist mit acht Ankerborsten ausgestattet. Diese kann man deutlich als Widerstand spüren, wenn man mit den Fingern am Wurm entlangstreicht. Mit den Ankerborsten stemmt sich der Regenwurm im Boden fest. Wer schon einmal versucht hatte, einen Regenwurm aus seinem Erdgang zu ziehen, stellte fest, dass das ziemlich schwierig ist. Auch Amseln müssen sich beim Herausziehen ihrer Lieblingsspeise ganz schön anstrengen, um den Widerstand der Ankerborsten zu überwinden.

Der Regenwurm bewegt sich durch das Zusammenwirken der Ankerborsten und der Längs- und Quermuskeln nach vorn. Wissenschaftler haben eine Tunnelbohrmaschine entwickelt, deren hinteres Segment sich wie der Regenwurm vorwärtsbewegt. Der Tunnelbohrer wühlt sich nicht nur ebenso durch das Erdreich, sondern er kann auch den Abraum nach dem Prinzip einer Pfeffermühle zerkleinern und wie ein Staubsauger nach hinten schieben. Gleichzeitig betoniert die Maschine die entstehende Tunnelröhre. Damit ist die technische Anwendung des Fortbewegungsprinzips des Regenwurmes keineswegs erschöpft. So wurden mit Kameras ausgerüstete Wurmroboter entwickelt, die nach Erdbeben verschüttete Personen aufspüren.

Wortwurm

Der »Wortwurm« kriecht nur waagerecht durch alle Buchstaben.
Wie heißt das gesuchte Lösungswort?

VORBILD OHRWURM

Manche denken sicherlich, dass der Ohrwurm nichts Besonderes ist – aber weit gefehlt. Denn sein Fächerflügel mit Scharniergelenken ist für die Technik besonders interessant. Der Gemeine Ohrwurm *(Forficula auricularia)* ist ein Insekt, welches sich in feuchter Umgebung aufhält. Er ist besonders in der Dämmerung und in der Nacht aktiv. Man findet ihn beispielsweise in feuchten Holzverschlägen, zusammengeklappten Sonnenschirmen oder vermoderndem Holz. Nimmt man einen Ohrwurm in die Hand, spürt man seine Zange am

Hinterleibsende, mit der er bei Gefahr zukneift. Seine Zange ist ein universelles Werkzeug: Sie wird als Verteidigungs- und Angriffswaffe sowie als Greifer eingesetzt. Mit ihr kann auch sein Fächerflügel entfaltet und wieder exakt zusammengefaltet und verstaut werden. Er befindet sich auf der Rückseite der Brustsegmente unter den beiden kleinen Deckflügeln. Ausgebreitet hat der Fächerflügel Ähnlichkeit mit der Gestalt des menschlichen Ohres.

Der Fächerflügel wird durch Adern versteift. Sie bilden ein regelmäßiges Speichenmuster. Den ganzen Flügel durchzieht außerdem eine bogenförmige Querader. Mittig der Speichenadern sind verdickte Stellen zu sehen, die als Scharniergelenke zum Falten der Flügel dienen. Dort, wo die Radialadern zusammentreffen, befindet sich noch ein zentrales Scharniergelenk. Wenn sich der Flügel entfaltet, klappen die Scharniergelenke aus und werden arretiert. Dadurch sind die ausgebreiteten Flügel formstabil und knicken nicht. Beim Schließen klappen die Scharniergelenke ein und jeder Flügel legt sich in Falten längs zum Körper wieder zusammen. Zum Schluss bleibt nur noch ein kleines »Flügelpaket« übrig, welches unter den Deckflügeln sicher verstaut wird.

Technisch interessant sind solche fächerartigen Faltflügel für die Raumfahrt. Dort müssen Solarsegel in den Weltraum transportiert werden. Sie sind mit Solarzellen bestückt, um die Stromversorgung von Raumstationen zu sichern. Der Transport muss platzsparend sein, sodass man auf einem Flug möglichst viel Material mitnehmen kann. Zusammenklappen kann am Regenschirm demonstriert werden. Uns ist klar, dass ein zusammengeklappter gegenüber einem aufgespannten Regenschirm viel weniger Platz beansprucht. So auch beim Solarsegel: Erst an der Raumstation wird das Solarsegel auf seine volle Größe zur Sicherung der Stromversorgung entfaltet. Ein Solarsegel-Modell lässt sich aus einem Bogen Papier herstellen. Dabei wird es so gefaltet, dass es sich durch Ziehen an zwei gegenüberliegenden Ecken öffnen lässt.

Übrigens hat der Flugpionier Otto Lilienthal (1848–1896) das gleiche Faltprinzip wie das des Ohrwurmes bei einem Gleiter angewandt. Da er für das Testen der Flugapparate in seiner Umgebung kein geeignetes Fluggelände fand, mussten die Apparate zusammengelegt zu einem günstiges Gelände transportiert werden. Zusammenlegbare Flugapparate waren auch deshalb notwendig, da sie per Schiff nach Amerika befördert werden mussten. Dort sollten sie zunächst getestet und später verkauft werden. Frachtraum auf

Anfertigen und Testen eines Solarsegel-Modells

Benötigte Materialien, Werkzeuge und Hilfsmittel:

- 1 Bogen Zeichenkarton DIN A4
- Falzbein

Faltanleitung für das Solarsegel-Modell (nach Miura 2021)

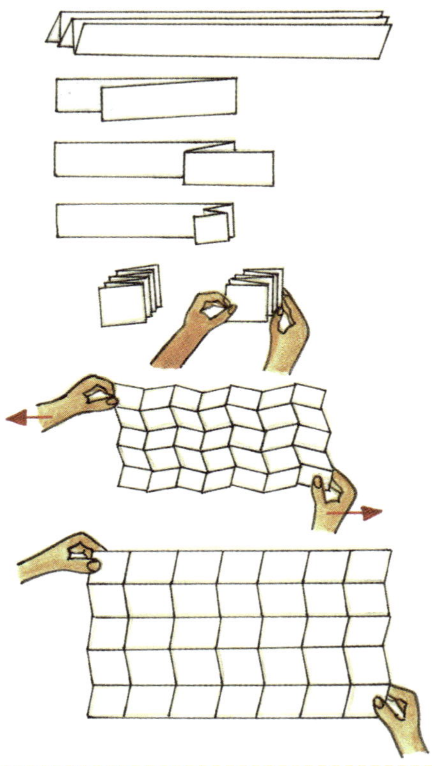

1. Knicken des Bogens Zeichenkarton nach der Faltanleitung
2. Nachziehen der Knickstellen mit dem Falzbein
3. Entfalten und Zusammenklappen in diagonaler Haltung von Daumen und Zeigefingern beider Hände

Handelsschiffen war damals schon sehr teuer und die Apparate besaßen eine Flügelspannweite von 7 Metern. Lilienthal musste also einen Weg finden, die Flugapparate für den Transport so zu verpacken, dass sie möglichst wenig Platz brauchten.

Er hätte sie zwar in Einzelteile, also in Leitwerk, Gestellring und Flügel, zerlegen können, aber dann müssten sie nach dem Transport wieder zusammengebaut werden. Der Zeitaufwand dafür wäre jedoch zu groß gewesen, denn es gab nicht viel Zeit, um die Gleiter zu testen.

Die Fächerflügel des Ohrwurmes und Otto Lilienthals zusammenfaltbarer Gleiter

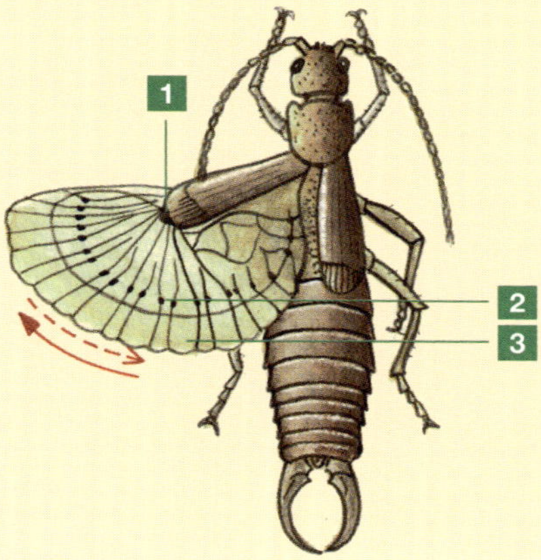

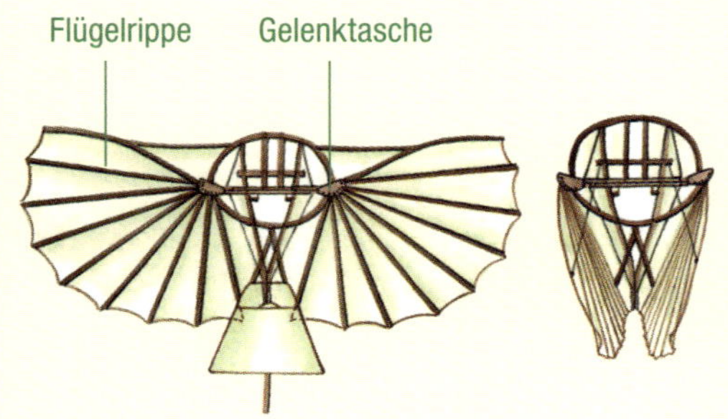

1 Hauptscharniergelenk
2 Scharniergelenke der radialen Adern
3 Zentrales Scharniergelenk

Zusammenfaltbarer Flugapparat mit leicht gewölbter Flügelfläche, die aus einem Holzgerüst mit Stoffbespannung besteht.

Phasen des Zusammenfaltens der Hinterflügel

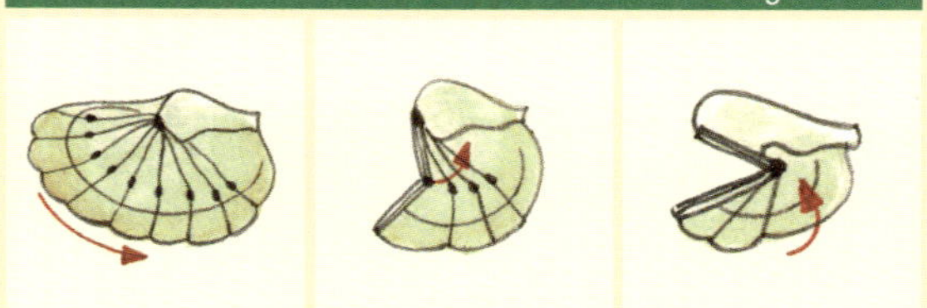

Schließlich fand Lilienthal die Lösung, als er die Flügelfaltung eines Ohrwurmes untersuchte: Die gekreuzten Holme für die Unterarme wurden an ihren

Enden mit Gelenktaschen versehen, in denen die Flügelrippen dreh- bzw. schwenkbar gelagert sind. Hier bestätigt sich wieder, dass in der lebenden Natur gleiche bzw. ähnliche Lösungen für dieselbe Funktion, in diesem Fall das Zusammenklappen von Flügeln, vorliegen.

VORBILD FLIEGE

Die Echten Fliegen *(Muscidae)* kommen bei uns häufig vor und zeigen sich in etwa 500 verschiedenen Arten. Sie sind von kleiner bis mittelgroßer Gestalt. Am Körper besitzen sie Borsten. Es sind geschickte und vor allem ziemlich schnelle Flieger. Ihre Körperfärbung ist meist schwarz, gelblich oder grau. Es gibt auch Arten, die metallisch grün oder blau schillern. Interessant sind ihre Mundwerkzeuge, mit denen sie saugen oder manchmal stechen können.

Fliege und ihr Rüssel – Stellungen des Fliegenrüssels

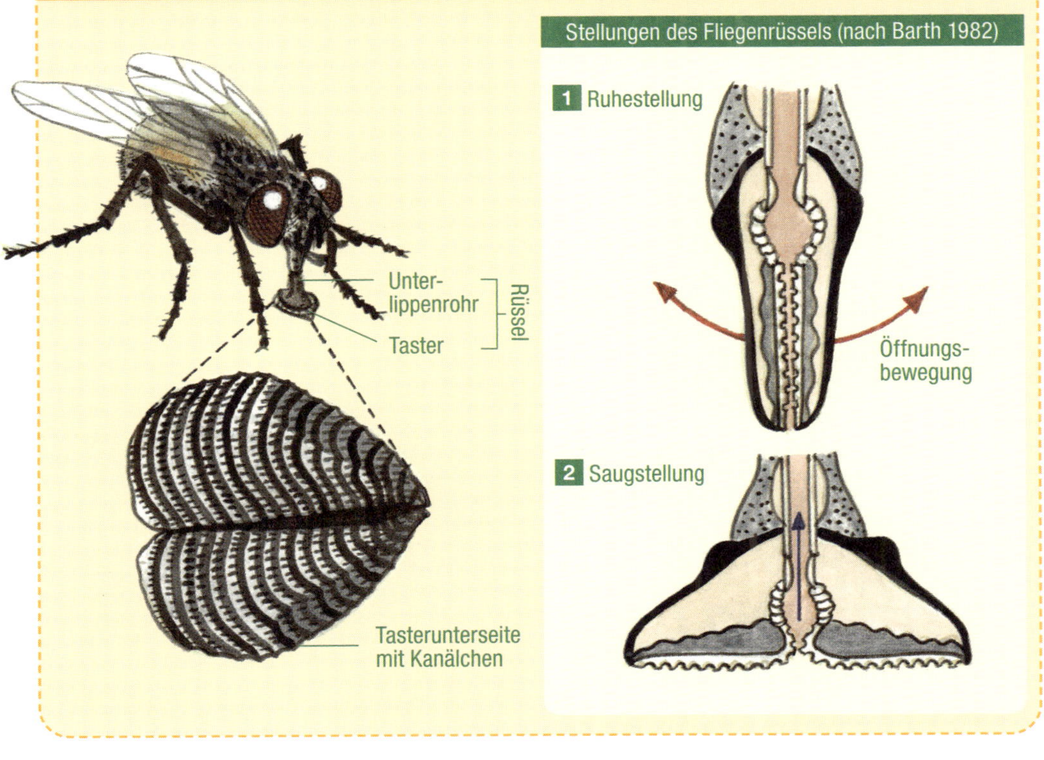

Wenn man eine Fliege anschaut, fällt sofort ihr Rüssel auf. Bei einer größeren Fliege ist der Rüssel recht gut zu sehen, wenn sie sich am Rand einer verschütteten Flüssigkeitspfütze niedergelassen hat, um diese aufzusaugen. Der Fliegenrüssel besteht aus dem Unterlippenrohr, an dessen Ende sich zwei polsterförmige Unterlippentaster befinden. Sie sind mit Kanälen und Querrinnen versehen. Damit nimmt die Fliege flüssige Nahrung auf. Die polsterförmigen Taster sind mit Sinnesorganen versehen, die die Fliege über die Zusammensetzung der Nahrung sowie über ihre Konsistenz, also ob flüssig oder fest, informieren. An der Innenseite der Taster befinden sich winzig kleine Zähnchen. Damit können nicht nur größere Nahrungsteilchen mundgerecht zerkleinert werden, sondern auch Pollen aus Blüten abgeschabt werden.

Kreativitätstraining: Ergänzungskonstruktion

Entwickle das Innere des abgebildeten Staubsaugers und zeichne es ein.
Hinweis: Der Staub und Schmutz sollen in einem Filterbeutel im Inneren des Gerätes gesammelt werden.

Der interessante Bau des Fliegenrüssels wurde zum biologischen Vorbild für einen neuen Staubsaugerfuß. Dabei wurde die Anordnung der Kanäle und Rinnen vom Fliegenrüsseltaster übertragen. Für die Konstruktion war es notwendig, die Kenngrößen Anzahl, Größe und Lage der Kanäle so festzulegen, dass ein gründliches Aufsaugen des Schmutzes erreicht werden konnte. Um die günstigste Lösung zu finden, wurden zunächst verschiedene Düsenmodelle mit veränderten Kenngrößen angefertigt und hinsichtlich ihrer Saugleistung getestet. Durch Bewertung der einzelnen Düsenmodelle konnte die Düse mit der besten Saugleistung ermittelt werden. Mit ihr wurden gegenüber herkömmlichen Staubsaugerdüsen 20 Prozent mehr Schmutz und Staub aufgesaugt. Genial, was man vom Fliegenrüssel so alles abschauen kann!

VORBILD FRAUENMANTEL UND KOHLRABI

Der Gewöhnliche Frauenmantel *(Alchemilla vulgaris)* gehört zu den krautigen Pflanzen. Er hat Blätter, die an ihren Enden Wasserspalten besitzen. Aus ihnen wird nachts Wasser abgeschieden. So kann sich in den trichterförmigen Vertiefungen der fächerförmigen Blattspreiten das Wasser sammeln. In winzig kleinen Tröpfchen rinnt es in die Vertiefung des Blattes und sammelt sich dort zu einem großen Tropfen an, der einer prachtvoll schimmernden Perle gleicht.

Früher schrieb man diesem besonderen Wasser magische Kräfte zu. Kräuterweiber sammelten das vermeintlich magische Wasser und verabreichten es als »Elixier der ewigen Jugend«. Ob dieser Trank nun ewige Jugend vermittelt, sei dahingestellt. Nachweisbar hilft der Frauenmantel mit seinen rundlich gelappten Blättern jedoch als Heilkraut gegen Entzündungen und als Mittel zur Wundheilung.

Aufgrund der Oberflächeneigenschaften wirkt das Blatt wasserabweisend. Solche wasserabweisenden Eigenschaften findet man auch bei den Blättern des Kohlrabi *(Brassicales oleracea)*. Diese Gemüsepflanze hat langgestielte, dunkelgrüne Blätter, die länglich rund und etwas gezähnt sind. Sie sind mit einer bläulich-weißen Wachsschicht überzogen. Die Wachsschicht verleiht den Blättern ihre wasserabweisende Eigenschaft.

Wasserabweisende Eigenschaften von Blattoberflächen erkennt man daran, dass das Wasser Tropfen bildet. Hierbei wirkt die Oberflächenspannung, eine wichtige Eigenschaft von Flüssigkeiten. Durch die Wirkung der Oberflächenspannung ist Wasser bestrebt, seine Oberfläche möglichst gering zu halten. Daher nehmen Wassertropfen die genannte Kugelform an. Die Kugel hat von allen Körpern gleichen Volumens die kleinste Oberfläche. Kohäsionskräfte halten dabei die Wassermoleküle zusammen.

Blätter von Frauenmantel und Kohlrabi

Oberflächenspannungen beeinflussen stark die Benetzungsvorgänge auf Blattoberflächen. Eine vollständige Benetzung von Wasser auf einer Blattoberfläche liegt dann vor, wenn die Kräfte zwischen Blattoberfläche und Wasser größer sind als im Wasser selbst.

Verhalten von Wasser auf Blattoberflächen

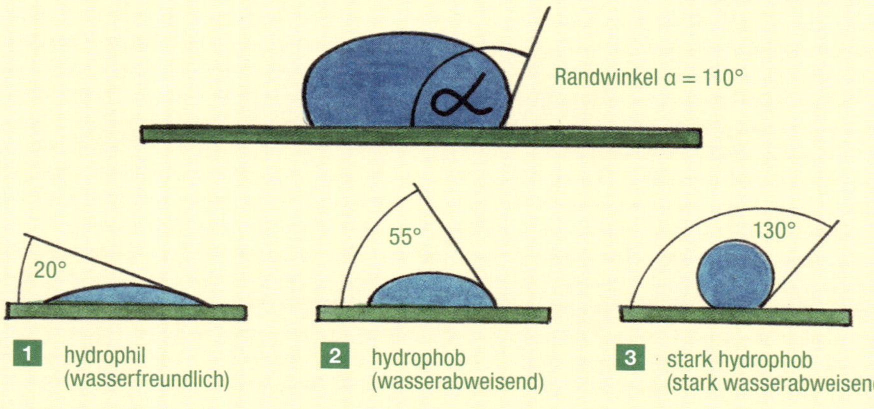

Zwischen der Blattoberfläche und der Oberfläche des Wassertropfens gibt es einen Winkel. Dieser wird als Randwinkel α bezeichnet. Er lässt sich als Maß für die Benetzbarkeit einer Oberfläche mit Wasser verwenden.

Merke!

Blattoberflächen mit Wassertropfen deren Randwinkel α < 90 Grad betragen, sind **hydrophil** (wasserfreundlich). Diejenigen mit einem Randwinkel α > 90 Grad sind **hydrophob** (wasserabweisend). Letztere besitzen den Selbstreinigungseffekt.

Blattoberflächen mit Selbstreinigungseffekt besitzen oft eine Wachsschicht. Die Größe ihrer daraus bestehenden wasserabstoßenden Wachskristalle beträgt etwa 0,5 bis 5 Mikrometer (μm) und führt zu großen Randwinkeln. Wassertropfen kugeln sich deswegen ab und nehmen, von der Schwerkraft angezogen, auf ihrem

Wassertropfen auf glatten und genoppten Oberflächen (nach Neinhuis und Bartlott 1998)

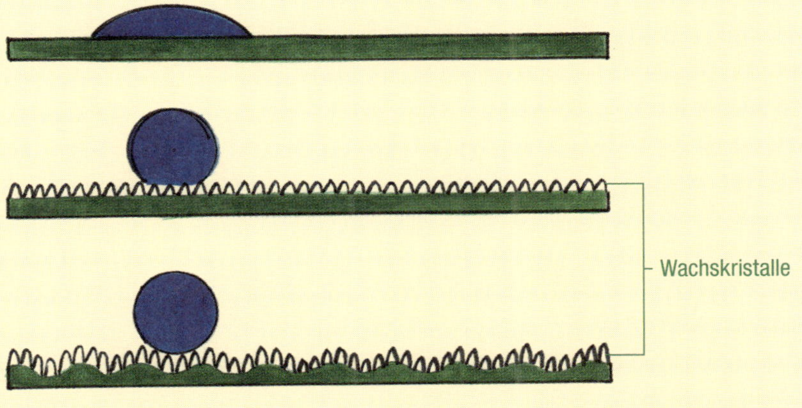

Weg vom Blatt Schmutzteilchen mit. Dieser Selbstreinigungseffekt wird auch Lotoseffekt (oder Lotus-Effekt) genannt. Er wurde auf den Blättern der Lotospflanzen zuerst entdeckt, daher der Name. Die Lotospflanze gilt in den asiatischen Religionen als heilig. In der ägyptischen und indischen Mythologie ist sie das Symbol der Reinheit und Wiedergeburt. Das Reinheitssymbol ergibt sich daraus, dass die Blätter stets makellos sauber sind, obwohl die Pflanze aus schlammigem Untergrund emporwächst.

Eine verringerte Oberflächenspannung von Flüssigkeiten führt zur Verbesserung der Benetzbarkeit von Oberflächen. Das ist beispielsweise in der Schmierungstechnik notwendig. Hierbei werden Schmiermittel auf sich gegeneinander bewegende Metallteile aufgetragen. Das verringert Reibung und somit Verschleiß. Daher sollten wir die beweglichen Teile des Fahrrades, wie Kette und Lager, regelmäßig schmieren. Um die Benetzbarkeit beim Waschen zu verbessern, benötigt man oberflächenaktive Stoffe, wie Tenside (Waschmittel, Seife), die die Oberflächenspannung des Wassers herabsetzen. Beim Händewaschen benutzen wir dafür Seife.

Ob Blätter wasserabweisend (hydrophob) oder wasseraufnehmend (hydrophil) sind, kann durch ein einfaches Experiment herausgefunden werden.

Freihand-Experiment: Wasserabweisend oder wasseraufnehmend? Das Verhalten von Blättern untersuchen

Forscherfrage:
Woran ist der Selbstreinigungseffekt bei Blattoberflächen zu erkennen?

Wir brauchen:

- Schüssel mit Wasserfüllung
- Pipette

1. Sammle Blätter von Apfel, Birne, Kirsche, Ahorn, Kapuzinerkresse, Kohlrabipflanze und Frauenmantel!
2. Tauche jedes Blatt vollständig in Wasser und beobachte, wie sich das Wasser auf der Blattoberfläche beim Herausziehen verhält!

3. Finde weitere Blätter mit Selbstreinigungseffekt!
4. Benetze jedes Blatt nacheinander mit einem Wassertropfen aus der Pipette. Beachte dabei, dass die mit der Pipette aufgenommene Wassermenge immer gleich ist!
5. Vergleiche die Wassertropfenformen auf den gesammelten Blättern mit der Tropfenform in der Tabelle und treffe eine Entscheidung für die Zuordnung. Ordne dann die Merkmale den gesammelten Blättern zu!

Tropfenform	Merkmale
	Stark wasserfreundlich. Tropfen verläuft großflächig auf der Blattoberfläche.
	Schwach wasserfreundlich. Tropfen ist halbkugelförmig.
	Schwach wasserabweisend. Tropfen nimmt fast die Form einer Kugel an. Es fehlt ca. ein Viertel von der Kugelform.
	Stark wasserabweisend. Tropfen hat Kugelform.

Der Selbstreinigungseffekt wird inzwischen u. a. bei Autos, Textilien und Glasscheiben angewendet. Sie müssen so weniger gewaschen werden, was die Umwelt schont. Die dem Selbstreinigungseffekt zugrundeliegende Oberflächenspannung des Wassers nutzen auch einige Wasserinsekten.

5 LÖSUNGSSUCHE IN BACH UND TEICH

Naturbeobachtungen

Jede Exkursion zu Bächen, Seen, Teichen und Tümpeln kann ein spannendes Erlebnis sein. Dort kann man Wasserbewohner aufmerksam beobachten und studieren. Dafür ist der Bau einer Unterwasser-Lupe sehr hilfreich. Mit ihr lassen sich Pflanzen und Tiere ohne die üblichen Wasserspiegelungen und Verzerrungen durch auftretende Wellen gut betrachten. Solch eine »Guckröhre« wirkt wie ein Vergrößerungsglas.

Herstellung der Unterwasserlupe

Benötigte Materialien, Werkzeuge und Hilfsmittel:

- 1 alter Plastikeimer
- 1 Stück derbe Klarsichtfolie
- Stabiles, wasserfestes Klebeband
- Fuchsschwanz oder Feinsäge, Raspel, Sandpapier und Schere

Herstellung der Unterwasserlupe

1. Absägen des Bodens am Plastikeimer
2. Schmirgeln der Sägekante mit Sandpapier

3. Ausschneiden eines kreisförmigen »Guckfensters« aus der Klarsichtfolie. Beachte, dass der Durchmesser des Folienkreises etwas größer als die Bodenöffnung sein muss, damit der umgeschlagene Folienrand an der Außenwand des Eimers mit Klebeband befestigt werden kann.
4. Aufstellen des Eimers mit der Öffnung für das »Guckfenster« nach oben. Auflegen und befestigen der Folie mit dem Klebeband (auf straffen Sitz der Folie achten!) – die Unterwasserlupe kann nun ausprobiert werden.

Wenn die Röhre ins Wasser gedrückt wird, wölbt sich durch den Druck des Wassers die Folie etwas nach innen. Wie bei einer Lupe werden die Lichtstrahlen an der linsenförmigen Folienoberfläche gebrochen. Dadurch wird eine etwas vergrößerte Abbildung von Wasserlebewesen gewonnen.

VORBILD WASSERLÄUFER

Auf dem Wasser laufen, ohne darin zu versinken – das wäre toll! Die leichtgewichtigen Wasserläufer *(Gerridae)*, auch Wasserscheider genannt, können das. Es sind Insekten, die zu den Wanzen gehören. Sie werden etwa 6 bis 30 Millimeter groß. Wasserläufer bewegen sich schnell auf Teichen, Tümpeln oder anderen langsam fließenden Gewässern. Manchmal springen sie sogar auf der Wasseroberfläche, wenn sie von Fressfeinden verfolgt werden. Dabei bekommen sie nicht einmal nasse Füße, weil ihre Beine überhaupt nicht in das Wasser eintauchen. Wie machen sie das? Schauen wir uns dafür ihren Körperbau genauer an. Wasserläufer besitzen drei Beinpaare, die unterschiedliche Funktionen besitzen.

An ihren Beinen befinden sich Vibrationssinnesorgane mit Härchen, die die zappelnden Bewegungen ihrer Beutetiere wahrnehmen. Damit können sie kleine Insekten, die ins Wasser gefallen sind und darin umherzappeln, genau orten. Die Oberflächenspannung des Wassers und die feine, stark wasserabweisende Behaarung auf ihrem schlanken Körper bewahren sie vorm Versinken.

Gemeiner Wasserläufer *(Gerris lacustris)*

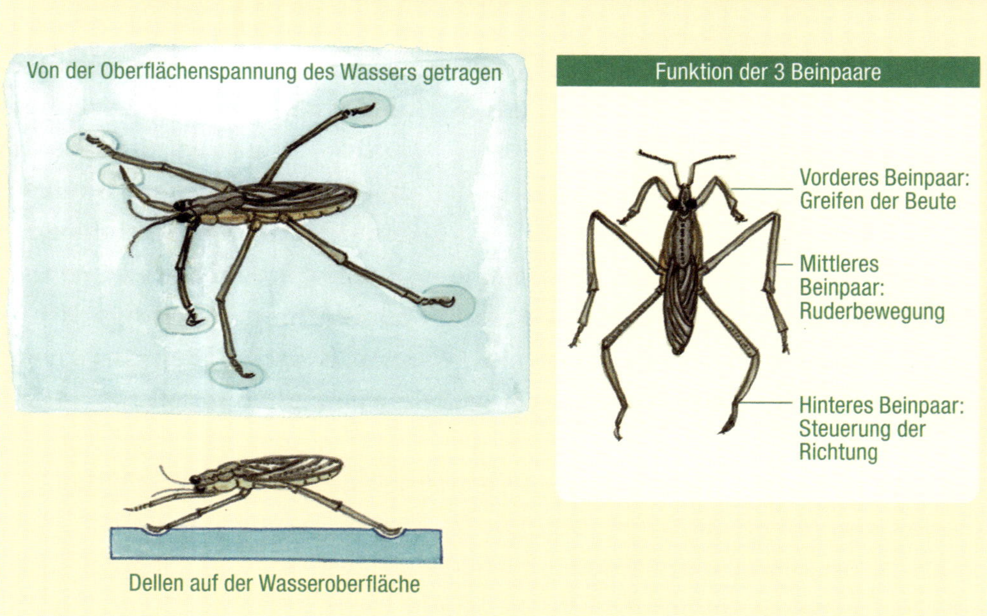

Die Härchen an ihren weit abstehenden Beinen vergrößern die Auflagefläche auf dem Wasser und verteilen so das Körpergewicht. Die Luft zwischen den Härchen bildet zudem eine wasserabweisende Schutzschicht.

Wenn man einen Wasserläufer beobachtet, der auf dem Wasser steht, so sind unter seinen Füßen winzige Dellen zu sehen. Die Wasseroberfläche ist an diesen Stellen wie ein Trampolin eingedellt und gespannt. Man denkt, das Wasser wäre mit einer dünnen reißfesten Haut überzogen, die unter der Körpermasse des Insekts nachgibt. Die Spannkräfte des Wassers ziehen sich an der Oberfläche zusammen und gleichen die Gewichtskraft F_G des Wasserläufers aus. Die Wirkung der Oberflächenspannung des Wassers kann in einem kleinen Experiment genauer untersucht werden.

Experiment: Tragfähigkeit der Oberflächenspannung des Wassers

Forscherfrage:
Warum versinkt die Büroklammer nicht im Wasser?

Wir brauchen:

- 1 kleine Schüssel mit Wasserfüllung
- 1 Büroklammer
- 1 Pinzette
- 1 Papiertaschentuch

Zur Durchführung des Experiments legen wir die Büroklammer ganz vorsichtig und behutsam mit der Pinzette auf das Wasser in der Schüssel und beobachten, wie sich die Büroklammer verhält. Die Büroklammer bleibt oben und drückt die Wasseroberfläche leicht ein. Sie geht nicht unter, da zusätzlich zur Auftriebskraft im Wasser noch die Oberflächenspannung an der Wasseroberfläche wirkt. Hier halten die Wasserteilchen, also die Wassermoleküle, stärker zusammen als in den tieferen Wasserschichten. Wenn das Auflegen auf dem Wasser Schwierigkeiten bereitet, kann ein kleines Stück saugfähiges Papiertaschentuch unter die Büroklammer gelegt werden. Das Papier nimmt schnell Wasser auf und sinkt danach auf den Schüsselboden.

Wasserläufer bewegen sich mit ihren Beinen rudernd auf der Wasseroberfläche fort. Dabei stoßen sie sich mit ihren großen Beinen ab, wobei die Dellen unter ihren Füßen wie winzig kleine Startblöcke wirken. Bioniker wollten herausfinden, wie das Prinzip der Fortbewegung beim Wasserläufer funktioniert. Zu diesem Zweck entwickelten und bauten sie einen künstlichen Wasserläufer.

Künstlicher Wasserläufer

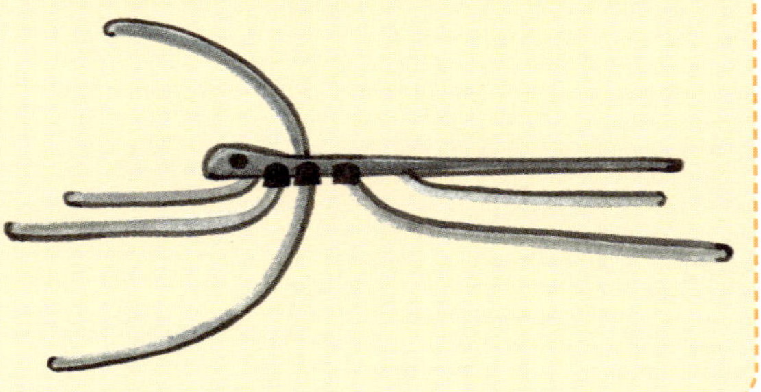

Dieser bewegt sich genauso auf dem Wasser fort, wie sein natürliches Vorbild. Außerdem ist er so leicht gebaut, dass er ebenfalls von der Oberflächenspannung des Wassers getragen wird. Bioniker fanden durch Tests heraus, dass sich die Wasserläufer rudernd fortbewegen. Dabei setzen sie ihre Beine so auf das Wasser, dass kleine Wirbel unter der Wasseroberfläche entstehen, welche die Vorwärtsbewegung unterstützen.

VORBILD STENUS

Wer hätte gedacht, dass der Käfer Stenus *(Stenus comma)* in seinem Körper einen besonderen Treibstoff zu seiner Fortbewegung auf dem Wasser erzeugen kann? Dieser Käfer bewegt sich wie der Wasserläufer rudernd auf der Wasseroberfläche fort. Er wird auch von der Oberflächenspannung des Wassers auf der Oberfläche gehalten. Eigentlich kann der Käfer fliegen, aber er benutzt manchmal die Wasseroberfläche von Tümpeln und Teichen, an deren Rändern er lebt, als »Rennpiste«.

Stenus aus der Familie der Kurzflügler

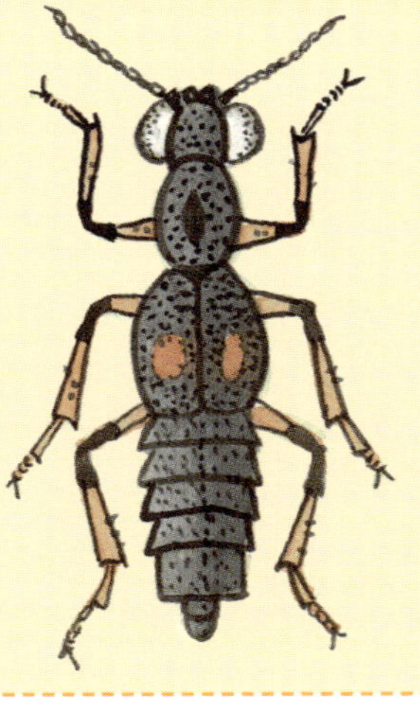

Der Käfer saust bei Gefahr mit ziemlich hoher Geschwindigkeit über das Wasser dahin. Das können schon mal 75 Zentimeter pro Sekunde sein. Für diesen Sprint hat er einen besonderen »Kraftstoff« parat, den er selbst in einer Drüse des Hinterleibs produziert. Der Kraftstoff, das sogenannte Stenusin, wirkt wie ein Spülmittel und treibt ihn voran. Das lässt sich in einem einfachen Experiment ausprobieren.

Experiment: Wirkung von Spülmittel auf die Oberflächenspannung des Wassers

Forscherfrage:
Was geschieht bei der Zerstörung der Oberflächenspannung hinter einem Schwimmkörper?

Wir brauchen:

- 1 Schüssel mit Wasserfüllung
- 1 Bogen Zeichenkarton
- etwas Spülmittel
- Bleistift, Lineal, Locher und Schere

Vorbereitung, Durchführung und Auswertung des Experiments:

1. Fertige aus dem Stück Zeichenkarton nach der Zeichnung (Maße in Millimeter) ein kleines Modellschiff an!

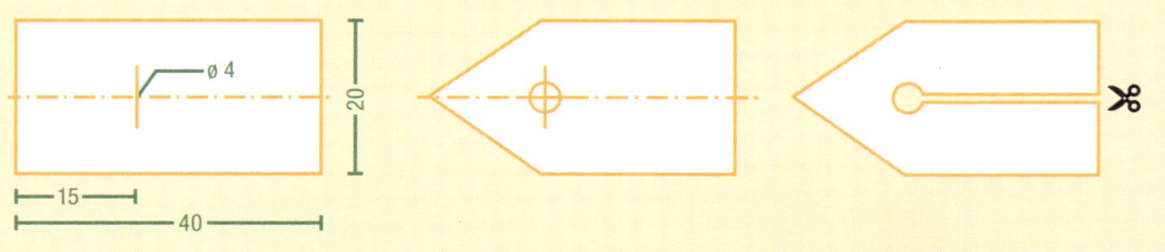

2. Lege vorsichtig das Modellschiff auf die Wasseroberfläche der Schüssel!

3. Nimm mit der Bleistiftspitze einen Tropfen Spülmittel auf und positioniere diesen im Loch des Modellschiffes!
4. Beobachte das Geschehen und finde eine Erklärung!
5. Beantworte die Forscherfrage!

Das Spülmittel verringert die Oberflächenspannung des Wassers hinter dem Modellboot und treibt es rückstoßartig an. Die Oberflächenspannung wirkt dadurch nicht mehr gleichmäßig auf den Bootsrumpf – sie ist vorn und beiderseits des Rumpfes noch intakt und so stark, dass sie das Boot vorwärts zieht. Genauso funktioniert auch der Sprint des Gelbrandkäfers.

Bilder-Rätsel

Trage die Namen der jeweiligen Abbildungen in die entsprechende Zeile ein. Die Buchstaben der fett umrandeten Spalte ergeben der Reihe nach das gesuchte Lösungswort.

VORBILD GELBRANDKÄFER

Kaum zu glauben, dass der Gelbrandkäfer *(Dytiscus marginalis)* Ruderblätter aus Haaren hat. Dieser Käfer gehört zur Familie der Schwimmkäfer. Er besitzt eine Körpergröße von etwa vier Zentimetern. Der Käfer lebt vornehmlich im Wasser und kann sich auch fliegend durch die Luft bewegen. Zum Luftholen kommt er an die Wasseroberfläche. Die Luft speichert er in einem Hohlraum unter seinen Flügeldecken, den man durchaus als Lufttank bezeichnen kann. Der mit Luft gefüllte Tank gibt dem Käfer Auftrieb. Durch dosierte Abgabe seines Luftvorrates kann der Käfer den Auftrieb beeinflussen, sodass er nicht nur seinen Körperschwerpunkt verändern, sondern auch im Wasser sinken kann.

Gelbrandkäfer und dessen Vorderfuß mit Saugnäpfen sowie Saughaken und Abflusssauger

Gelbrandkäfer

Körperquerschnitt

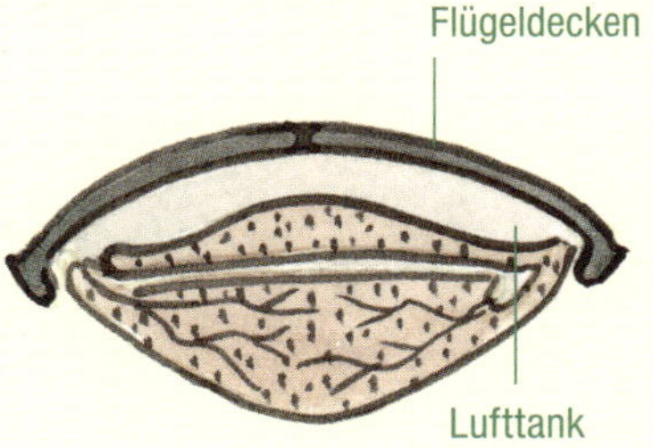

Saughaken und Abflusssauger

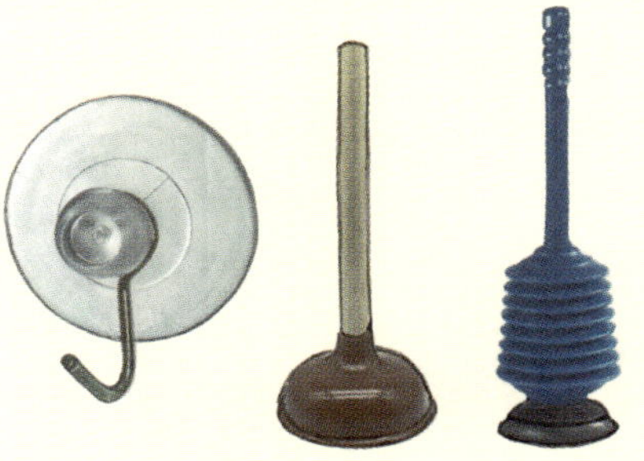

Sein Körper besteht aus Kopf, Bruststück und Hinterleib. Er ist nicht wie bei den landbewohnenden Laufkäfern durch Einschnürung abgesetzt, sondern die drei Körperteile gehen ineinander über. Dadurch entstehen an den Übergangsstellen seines Körpers keine nachteiligen Wirbel, die den Strömungswiderstand beim Fortbewegen erhöhen würden. Die Längsfurchen auf der Körperoberseite des Käfers verhindern zusätzlich die Entstehung von Querwirbeln, die ebenfalls den Strömungswiderstand vergrößern würden. So wirken auch die Schuppenrillen der Haie. Überhaupt ist der abgeflachte Körper des Käfers besonders strömungsgünstig und dadurch auf energiesparende Fortbewegung ausgelegt. Damit ist der Käfer im Wasser schnell, sodass er sich mit einer Geschwindigkeit von etwa 60 Zentimetern pro Sekunde rudernd fortbewegen kann.

Die langen, kräftig ausgebildeten Ruderbeine des Käfers ermöglichen die Schwimmbewegung. Die Ruderbeine schlagen bei der Fortbewegung in zeitlich regelmäßigen Abständen vorwärts und rückwärts. Nur beim Rückwärtsschlag entsteht die Vortriebskraft. Während des Rückschlages ist die Ruderfläche der Beine durch die daran befindlichen Schwimmhaare vergrößert. Die Schwimmhaare richten sich durch den Wasserwiderstand zwangsläufig auf und zeigen die Breitseite der Ruderfläche. Die Ruderfläche verkleinert sich durch Anlegen dieser Haare automatisch, wenn der Vorwärtsschlag erfolgt – sie zeigt ihre Schmalseite.

Besonders interessant sind die Haftorgane der Männchen, die sich als viele kleine Saugnäpfe an den Vorderbeinen befinden. Sie dienen der Paarung und werden auch als »Paarungsbeine« bezeichnet. Jeder der Saugnäpfe besteht aus einem glockenförmigen, dünnen und dehnbaren Saugteller, der mit strahlenförmig verlaufenden Versteifungsfasern durchzogen ist. In der Mitte des Saugtellers befindet sich ein beweglicher Stift, der wie eine kleine Keule aussieht. Der Stift dient zum Lösen des Saugtellers vom Untergrund. Bei der Paarung werden die Paarungsbeine auf den nichtgefurchten Teil der Flügeldecken des Gelbrandkäfer-Weibchens gedrückt. Die Saugwirkung wird durch ein Sekret verstärkt, das das Männchen aus speziellen Drüsen abgibt. In Zusammenwirken mit dem Druck des umgebenden Wassers stellen die Saugnäpfe eine feste, aber wieder lösbare Verbindung zwischen Männchen und Weibchen her. In Aufbau und Funktion gleichen die Saugnäpfe den Saughaken, die in Bädern als Handtuchhalter verwendet werden. Für Übertragungen in die Technik sind aber nicht nur die Saugnäpfe, sondern auch die Fortbewegung und die strömungsgünstige Körpergestalt des Gelbrandkäfers von Bedeutung. So könnten zukünftig kleinere Unterseeboote mit Ruderantrieben und Rumpfformen nach »Gelbrandkäferart« ausgestattet werden.

VORBILD LIBELLENLARVE

Libellen sind interessante Insekten, die sozusagen zwei Leben haben. Der eine Lebensabschnitt findet als Larve schwimmend unter Wasser und der andere als Fluginsekt über dem Wasser statt. Ein Beispiel ist die Speer-Azurjungfer *(Coenagrion hastulatum)*. Sie ist in der Nähe von Gewässern zu finden. Dort

Speer-Azurjungfer und ihre Larve mit Fangmaske – Zug-Klappbrücke

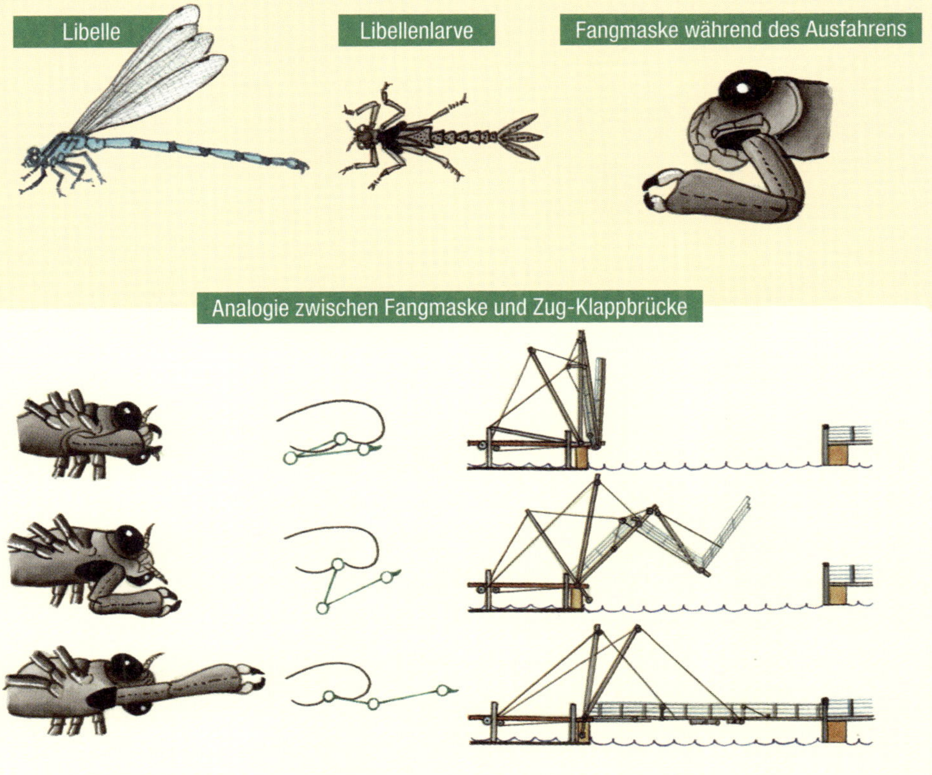

entwickeln sich auch ihre Larven. Das Larvenstadium erfolgt im Wasser. Markantes Kennzeichen der Libellenlarve ist ihre Fangmaske. Es ist ein aus dem Unterkiefer herausstehender Greifer, der Ähnlichkeit mit den Backen einer Kneifzange hat. Die Fangmaske wird für den Beutefang schnell nach vorn geschleudert und zieht das Opfer zu den Mundwerkzeugen, wo es mundgerecht zerteilt wird.

Gegen Ende des Larvenstadiums erfolgt der Gestaltwandel, Metamorphose genannt. Dabei wandelt sich die Larve zur fertigen Libelle. Der Körper verändert sich und wird von Wasser- auf Luftatmung umgestellt. Dazu kriecht die Larve aus dem Wasser und krabbelt an einem Schilfhalm in die Höhe. Dort reißt die Larvenhülle auf. Aus ihr schlüpft dann die blau schimmernde Libelle und entfaltet ihre Flügel.

Nach dem Vorbild der faltbaren Fangmaske der Libelle haben Brückenbauer eine Zug-Klappbrücke entwickelt und gebaut. Ihr Brückenträger besteht aus drei Abschnitten, die von Seilzügen angehoben und zusammengeklappt werden können. Diese Zug-Klappbrücke entstand bei der Lösung eines Verkehrsproblems. Dabei ging es um die Überbrückung des Hörn in Kiel. Sie sollte einerseits Fußgängern und Radfahrern einen kurzen Weg in die Innenstadt ermöglichen, andererseits Schiffen an dieser Stelle die Durchfahrt gewährleisten. Die Lösung: In der Brückenmitte baute man ein bewegliches Brückenteil ein, welches sich für Durchfahrten öffnen und schließen ließ.

VORBILD KÖCHERFLIEGENLARVE

Über 300 Arten von nachtaktiven Köcherfliegen *(Trichoptera)* kommen in Mitteleuropa vor. In ihrem Aussehen sind sie den Kleinschmetterlingen ähnlich. Diese Insekten haben eine bräunliche Färbung. Sie sind mit vier zarten und reich behaarten Flügeln ausgestattet. Die Eiablage der Köcherfliegenweibchen erfolgt auf Gras- oder Schilfhalmen, die sich über der Wasseroberfläche von Bächen und Teichen befinden. Beim Schlüpfen der Larven fallen diese sogleich in ihr nasses Lebenselement. Bei anderen Arten von Köcherfliegen erfolgt die Eiabgabe während des Fluges direkt über dem Wasser, sodass die Eier als Eipaket ins Wasser fallen. Der Hinterleib der Köcherfliegenlarven gliedert sich in zehn Segmente, die sehr weichhäutig sind und daher einen besonderen Schutz vor Fressfeinden brauchen.

Köcherfliege und ihre Larve,
Längsschnitt durch das »Schildkröten«-Gehäuse einer Köcherfliegenlarve

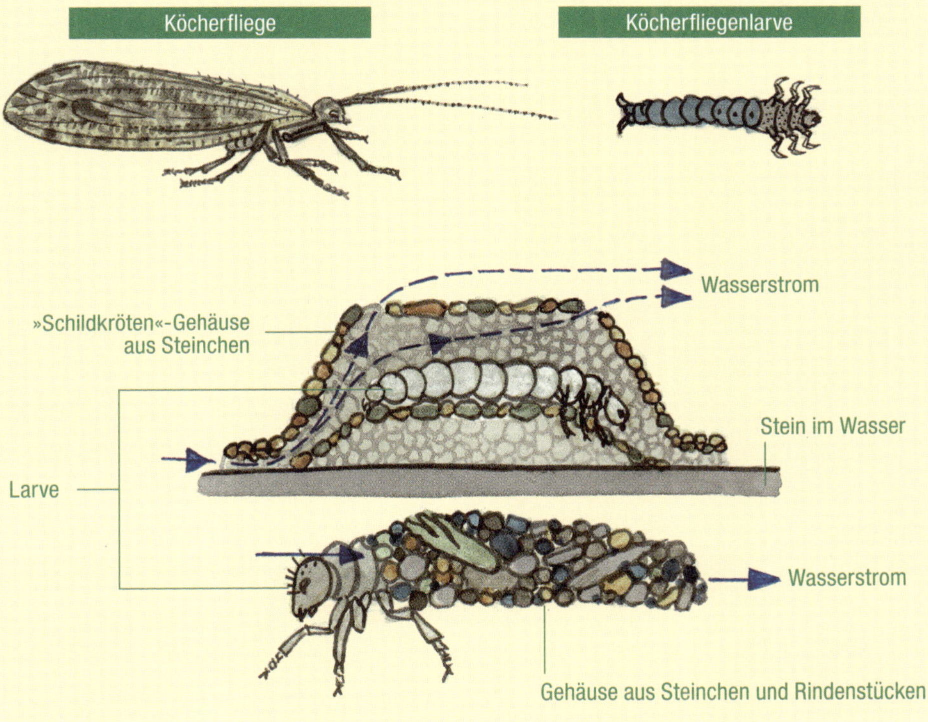

Dazu bauen sich die Larven einen Köcher als »Wohnstube«. Daher auch der Name der Larven. Die Köcher sind je nach Art verschieden ausgeführt. Als Baumaterial dienen Sand, kleine Steinchen, Halme, Rindenstücke sowie Stängel- und Blattstückchen. Manchmal werden auch die Gehäuse von Schnecken und Muscheln als Wohnköcher verwendet. Als Bindemittel verwenden die Larven eine Art Kleber, der aus ihren Spinndrüsen herausgepresst wird. Der Köcher wird von den Larven stets mitgeführt. Das ist wichtig: Wenn nämlich Gefahr droht, kann sich die Larve darin in voller Länge zurückziehen und warten, bis diese vorbei ist. Der Köcher hat meist zwei Öffnungen, die dem

Wasserdurchlauf dienen. Die Larven können durch Kiemenbewegungen einen Wasserstrom durch das Gehäuse hindurch erzeugen, der ständig sauerstoffhaltiges Frischwasser heranführt. Dadurch sind die Larven stets mit lebensnotwendigem Sauerstoff versorgt. Nach dem Vorbild der Köcherfliegenlarve und ihrer Wohnröhre wäre sicherlich eine Lösung zur Versorgung von Sauerstoff für Unterwasser-Forschungsstationen denkbar.

VORBILD FLUSSKREBS

Flusskrebs und Teilschnitt einer Schere

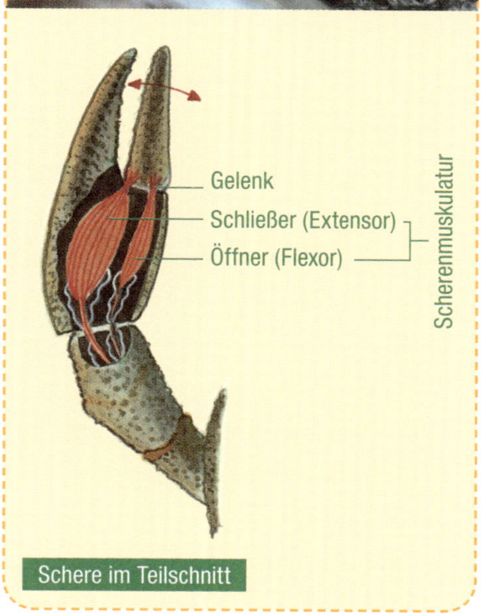

Krebse sind selten gewordene Exemplare in Flüssen und Teichen. Sie gehören zum Stamm der Gliederfüßer, zu dem auch Insekten und Spinnentiere zählen. Der in Mitteleuropa heimische Flusskrebs, auch Edelkrebs *(Astacus astacus)* genannt, ist mit einem schützenden Außenskelett versehen. Vorn am Körper befinden sich fünf Beinpaare. Das vordere Beinpaar ist zu großen Scheren umgebildet. Mit den anderen vier Beinpaaren läuft er. Sie sind zusätzlich mit Kiemen ausgestattet, die zur Atmung des Krebses dienen.

Die beiden großen Scheren sind eine wirksame Verteidigungswaffe und dienen als Greiforgan. Die Scheren bestehen aus einem feststehenden und einem beweglichen Teil. Mit den beiden Scheren kann der Krebs kräftig zupacken. Das Geheimnis der großen Druckkraft besteht in dem Schließmuskel der Schere, der besonders stark ausgebildet ist. Dieser Muskel in der Scherenmitte ist für das Schließen der Schere verantwortlich. Der andere, weiter am Rand der Schere liegende Muskel hingegen öffnet sie wieder. Beutetiere, wie Wasserinsekten, Molche, Würmer und Muscheln, werden von den beiden großen Scheren ergriffen, während die viel kleineren Scheren am zweiten und dritten Laufbeinpaar sie zerteilen und zum Mund des Krebses transportieren. Krebsscheren können als Vorbilder für Spezialzangen und Robotergreifer dienen. Um die Wirkungsweise einer solchen Schere zu testen, können wir ein einfaches Modell herstellen.

Herstellen und Testen eines Greifermodells

Benötigte Materialien, Werkzeuge und Hilfsmittel:

- 1 Bogen dünne Pappe
- Schere, Bleistift, Klebstoff und Lineal
- 1 Musterbeutelklammer
- dünne Gummiringe
- Trinkröhrchen
- Bindfaden

Das Greifermodell kann nach der Abbildung angefertigt und getestet werden.

Greifermodell

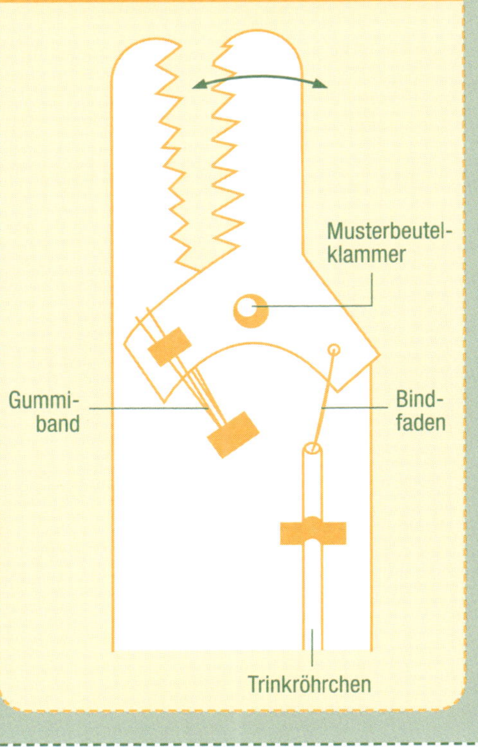

Der Flusskrebs ist stark vom Aussterben bedroht. Das liegt vor allem an der Zunahme der Verschmutzung von Gewässern, wodurch sich sein Lebensraum immer weiter verkleinert. Er benötigt wie alle anderen Wasserlebewesen saubere Gewässer. Doch industrielle Abwässer, Gülle und Dünger von landwirtschaftlich genutzten Flächen verschmutzen Gewässer. Der Sauerstoffgehalt sinkt dann und führt rasch zum Tod vieler Wasserlebewesen.

VORBILD WASSERSCHLAUCH

Der Unterwasserschlauch ist eine ziemlich clevere Pflanze, die mit einer Unterwasserfalle ausgestattet ist. Ihre exakte Bezeichnung ist Gewöhnlicher Wasserschlauch *(Utricularia vulgaris)*. Als schwimmende Wasserpflanze besitzt sie keine Wurzeln. Sie ist in stehenden, nährstoffarmen Gewässern zu finden. Um dennoch ihren Bedarf an Mineralstoffen zu decken, ist bei ihr im Laufe der Evolution die Fähigkeit entstanden, sich von tierischer Beute zu ernähren.

Die Blase des Wasserschlauches als Saugfalle sowie dessen Klappe im Vergleich mit dem Klappenventil eines Blasebalges

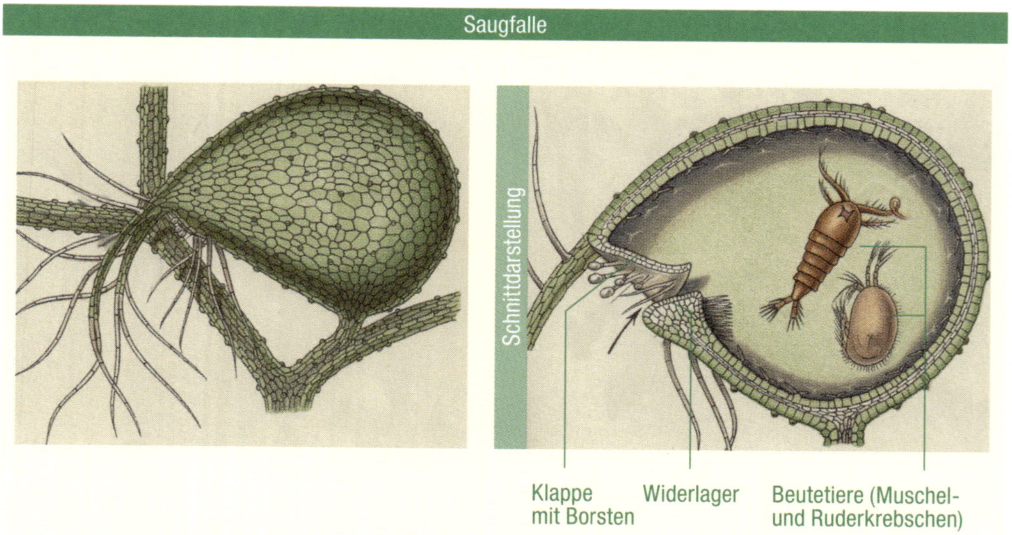

So gehören auf ihren Speiseplan Insekten, Krebschen und Spinnen. Um ihre Nahrung einzufangen, haben ihre grünen Blätter mit Wasser gefüllte Blasen. Die Blasen funktionieren wie raffinierte Fallen nach dem Prinzip der Saugpumpe.

Sie besitzen einen »Mund«, der sich an der Innenseite mit einer Klappe öffnen und schließen lässt. An diesem Mund befinden sich Borsten und Drüsen. Letztere können einen süßlichen Schleim absondern. Der Schleim dient als Lockmittel für allerlei winzige Wasserlebewesen. Stoßen sie mit ihrem Körper an die Borsten, wird durch den davon ausgelösten Berührungsreiz die Klappe geöffnet. Da im Inneren der Blase Unterdruck herrscht, wird die Beute samt Wasser eingesogen. Dann wird die Klappe sofort wieder verschlossen. Dieser Vorgang ist vergleichbar mit dem Ventil eines Blasebalges. Verdauungsenzyme, also Eiweiße als Katalysatoren bei der Verdauung, bauen dann die organischen Bestandteile der Nahrungsbeute ab. So werden sie für die Wasserpflanze verwertbar. Auch das Prinzip der Saugpumpe existiert also schon seit Jahrmillionen in der lebenden Natur.

Blasebalg

6 ANREGUNGEN VON WALD UND WIESE

Entdeckungen überall

Wälder werden neben Bäumen, Sträuchern und anderen Pflanzen von zahlreichen Tieren besiedelt. An Wälder schließen Wiesen an, die ebenfalls eine Vielfalt von Tieren und Pflanzen beherbergen. Aus dem Wald hinausgetreten, sehen wir ein Meer von Gräsern und Blüten, auf denen sich farbenprächtige Schmetterlinge, summende Hummeln und Bienen, zirpende Heuschrecken und noch viele andere Insekten tummeln. Eine kleine Auswahl davon wollen wir nachfolgend genauer betrachten, denn auch sie könnten als Vorbilder für technische Lösungen dienen.

VORBILD BIRKENSTAMM

Die Birke *(Betula)* ist ein weit verbreiteter Laubbaum in Mischwäldern, den wir als bunt geschmückten Maibaum kennen. Charakteristisch ist seine weiße Rinde. Man fragt sich, warum der Birkenstamm eine weiße Färbung hat. Das liegt an dem Inhaltsstoff, dem Betulin, welcher sich unter der oberen Rindenschicht befindet und sich wie Kreide anfühlt.

Birken besiedeln als erste Bäume ganz bestimmte Lebensräume, wie Brachflächen und Schutthalden. An diesen Orten sind sie der prallen Sonne ausgesetzt, weil andere schattenspendende Bäume fehlen. Da Birken auch vermehrt in nördlichen Gebieten heimisch sind, erleben sie starke Temperaturschwankungen. Und das macht sich an ihrem Aussehen bemerkbar. Hätten Birken nicht weiße, sondern dunkle Stämme, würde am Tag die tiefstehende Wintersonne diese aufheizen. In der eiskalten Nacht käme es durch den krassen Temperaturunterschied zum Reißen der Rinde, sodass Schädlinge und Pilze leicht eindringen und die Bäume schädigen könnten. Daher der weiße Farbstoff Betulin in der Birkenrinde. Die Farbe Weiß reflektiert die Lichtstrahlen der Sonne und dient auf diese Weise als Sonnenschutz. Den braucht die Birke deshalb, weil sie nur kleine Blätter besitzt, die wenig Schatten spenden. An trockenen Standorten muss die Birke mit dem lebensnotwendigen Wasser haushalten. Große Blätter würden zu viel Wasser verdunsten. Nun wissen wir auch, warum Birkenrinde weiß ist und dieser Laubbaum so kleine Blätter hat.

Laubbaum Birke

Um Fassaden von Gebäuden vor übermäßiger Sonneneinstrahlung zu schützen, sind sie ja auch mit einer weißen, reflektierenden Fassadenfarbe versehen. Die Wände heizen sich dadurch nicht so schnell auf. Das kennen wir auch von unserer Kleidung. Wenn die Sonne scheint, schwitzen wir in einem schwarzen T-Shirt stärker als in einem weißen. (siehe Experiment Band 9 »Wärmedämmung« der Bionik-Reihe, S. 54 und 55).

Die Temperatur einer dunklen Fläche ist höher als die einer weißen Oberfläche. Die Ursache dieses Temperaturunterschiedes ist die unterschiedliche Aufnahme, auch Absorption genannt, von Wärmestrahlung beider Flächen. Die schwarze Oberfläche absorbiert mehr Strahlungsenergie als die weiße. Dadurch erreicht sie eine höhere Temperatur. Die weiße Oberfläche reflektiert dagegen den größten Teil der Strahlungsenergie und hält somit eine wesentlich niedrigere Temperatur.

VORBILD HOLZWESPE

Die Große Holzwespe *(Urocerus gigas)* ist schon ein eigentümliches Insekt. Sie ist mit einem besonderen Bohrer ausgestattet. Diese Holzwespe ist ein Schädling, der Frischholz befällt. Das Insekt legt seine Eier bis zu sechs Zentimeter tief ins Holz. Das machen die Weibchen nach der Befruchtung mit ihrem langen Legebohrer, der raspelnd ins Holz eindringt und so Einstichkanäle für die Ablage der Eier anfertigt.

Der Legebohrer der Holzwespe

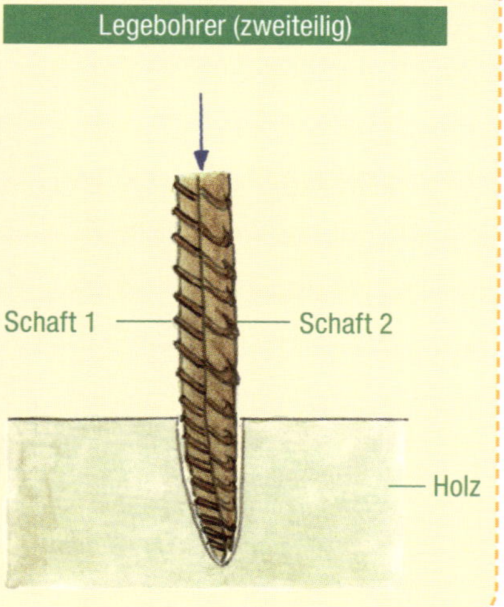

Anders als der Spiralbohrer einer Bohrmaschine führt der Legebohrer keine drehende Schnittbewegung, sondern eine geradlinige Auf- und Abwärtsbewegung durch.

Der Legebohrer besteht aus zwei mit winzigen scharfkantigen Zähnchen besetzten Schäften. Beim Eindringen in das Holz verankern sich die Zähnchen des einen Schaftes wie Widerhaken im Holz, während der andere Schaft einen kleinen Schritt vorwärtsbewegt wird. Danach verankert sich dieser mit seinen Zähnchen ins Holz, während der andere Schaft sich abermals nach vorn bewegt. Durch den schnellen Wechsel von Verankern und Vorwärtsbewegen dringen beide Schäfte immer tiefer in das Holz ein. Diese Raspelbewegung

Vergleich der Schnittbewegungen eines Legebohrers (Natur) und der eines Spiralbohrers (Technik)

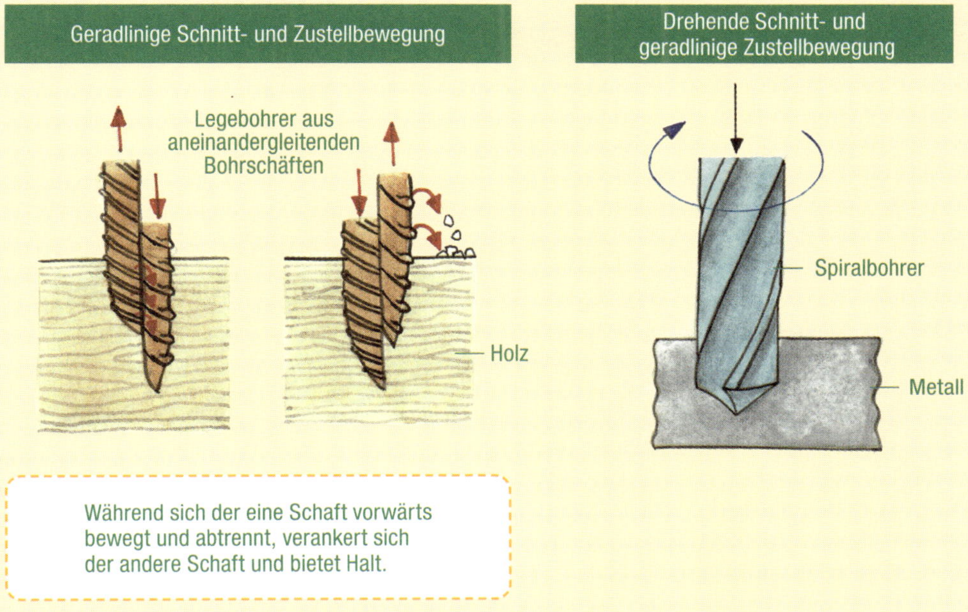

geschieht mit geringem Kraftaufwand, ohne dass der ziemlich dünne Legebohrer knickt oder abbricht.

Bioniker entwickelten nach dem Vorbild des Legebohrers eine gewebeschonende, flexible Sonde für Einsätze in der Gehirnchirurgie. Sie ähnelt im Aufbau dem Legebohrer. Die Sondennadel besteht auch aus zwei sich geradlinig auf- und abwärtsbewegenden Schäften, deren Oberflächen mit winzig kleinen Zähnchen besetzt sind.

VORBILD BOMBARDIERKÄFER

Ein Käfer mit Explosionskammer im Körper – gibt es das überhaupt? Tatsächlich ja: Bei Exkursionen durch den Wald können wir sie zum Beispiel unter Steinen entdecken – die Bombardierkäfer *Brachinus crepitans* und *Brachinus explodens.* Sie gehören zur Familie der Laufkäfer. Bombardierkäfer, von denen es mehrere Arten gibt, haben eine Körperlänge von vier bis zwölf Millimetern.

Da ihnen Ameisen, Spinnen, Mäuse, Frösche und Vögel nachstellen, müssen sie diese Fressfeinde abwehren. Bei den Bombardierkäfern hat sich mit der Explosionskammer eine raffinierte Abwehr- und Verteidigungseinrichtung entwickelt. Weil der Hinterleib der Käfer sehr beweglich ist, können sie ihn verbiegen und auf ihre Fressfeinde richten. Nun kann die »Kanone« im Hinterleib ihre Ladung verschießen. Das ist den Käfern 20-mal hintereinander möglich. Die Käfer verschießen jedoch keine explosiven Geschosse, sondern eine Art Giftspray. Dabei handelt es sich um ein kochendes, etwa 100 Grad Celsius heißes Flüssigkeits-Dampf-Gemisch, welches äußerst übel riecht. Es wird in der Explosionskammer, die mit Eingangs- und Ausgangsventil versehen ist, im Inneren des Käfers gebildet und tritt am Hinterleibsende aus. Dem Käfer ist es möglich, Anzahl, Richtung und Geschwindigkeit der Schüsse zu verändern.

In speziellen Drüsen produziert der Käfer Wasserstoffperoxid und Hydrochinon, die in Sammelblasen gelagert werden. Die Blasen sind mit der Explosionskammer durch Eingangsventile verbunden. In der Kammer befinden sich zwei Katalysatoren, die für die chemische Reaktion notwendig sind. Katalysatoren sind chemische Stoffe, die die Geschwindigkeit einer chemischen Reaktion beeinflussen. Bei Gefahr öffnet sich das Eingangsventil und aus den Sammelblasen gelangen Wasserstoffperoxid und Hydrochinon in die Explosionskammer. Dort reagieren sie mit den Katalysatoren. Durch die chemische Reaktion entsteht das giftige Flüssigkeits-Dampf-Gemisch. Dabei wird Wärme freigesetzt, wodurch ein Teil der Flüssigkeit verdampft. In der Explosionskammer steigt der Druck, das Eingangsventil schließt sich und das Ausgangsventil wird geöffnet. Als feiner Sprühnebel schießt das giftige Gemisch pupsend mit einem Knall aus dem Hinterleib. Dem Angreifer ballert also ein Gemisch aus giftigen Chemikalien, Wasser sowie 100 °C heißem Dampf entgegen. Da vergeht jedem Angreifer der Appetit und es bleibt nur die Flucht übrig – die Gefahr ist für den Käfer gebannt.

Die Abwehr- und Verteidigungseinrichtung des Bombardierkäfers hat Ähnlichkeit mit einer Flüssigkeitsrakete. Bei ihr werden ebenfalls aus getrennt angeordneten Behältern chemische Stoffe in eine Kammer geleitet, die dort entzündet und in Düsen als Gas ausgestoßen werden. Auf der Grundlage dieser

Bombardierkäfer – mit stinkenden und heißen Pupsen die Fressfeinde vertreiben; Analogie zwischen Explosionskammer bei Bombardierkäfer und Flüssigkeitsrakete

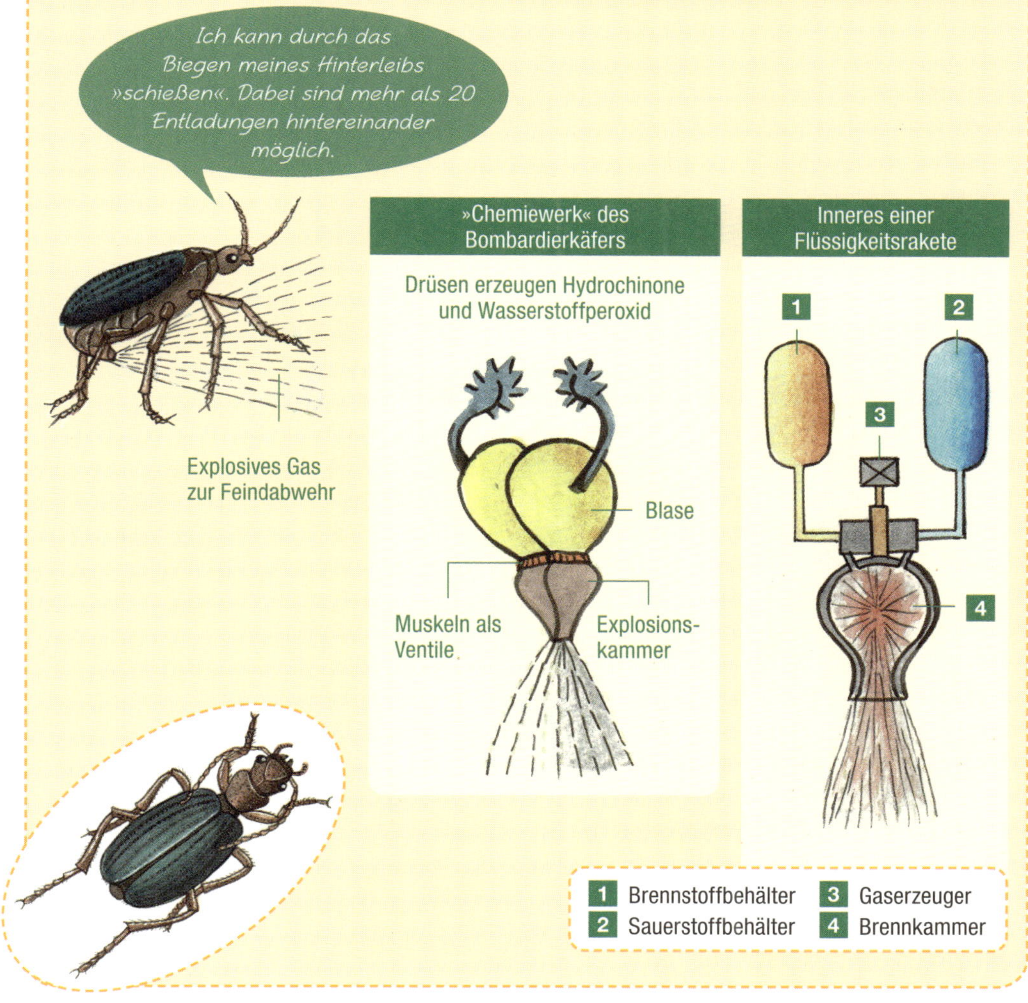

Abwehr- und Verteidigungsstrategie des Bombardierkäfers könnten Feuerlöscher entwickelt werden, die weniger Wasser verbrauchen. Je nachdem, welche Art von Feuer zu löschen ist, könnte man sowohl feinen Sprühnebel als auch größere Dosen des Löschmittels ausstoßen. Ebenfalls könnten Inhalatoren, also medizinische Zerstäuber für Atemwegserkrankungen, auf dieser Grundlage entwickelt werden. Ein weiteres Anwendungsgebiet wäre die Raumfahrt mit der Entwicklung neuartiger Raketenantriebe.

VORBILD GROSSER LEUCHTKÄFER

An lauen Juni- und Juliabenden funkeln sie wie Hunderte von Sternen im Freien – die Großen Leuchtkäfer, auch als Glühwürmchen bekannt. Mit ihren »Laternen« im Hinterleib befinden sie sich auf Partnersuche. Obwohl die Glühwürmchen in ihrem Aussehen Würmern gleichen, sind sie dennoch keine Würmer. Als krabbelnde Insekten gehören sie zur Familie der Leuchtkäfer. Beim Großen Leuchtkäfer *(Lampyris noctiluca)* leuchten nur die Weibchen. Bei anderen Arten leuchten dagegen auch die Männchen.

Larvenähnlicher Körper des Weibchens und Schnitt durch einen Teil des Leuchtorgans

Die Leuchtsignale der Käfer dienen zur Ortung des Sexualpartners. Die Weibchen sitzen im Gras oder Gebüsch und senden Leuchtsignale aus, die die Männchen anlocken. Dazu krümmen die Weibchen ihren Hinterleib, sodass die Signale gut sichtbar sind. Die Männchen haben lichtstarke Augen. So können sie die Weibchen schnell finden und bei ihnen landen – die Paarung kann nun beginnen.

Die Unterseite des Käferpanzers ist an der Stelle, an der sich die Laterne befindet, lichtdurchlässig. Die Laterne besteht aus drei Zellschichten: Die untere Schicht wird aus Zellen gebildet, in deren Inneren sich Kristalle befinden, die wie ein Spiegel das erzeugte Licht nach außen reflektieren. Ähnlich funktioniert ein Rückstrahler am Fahrrad. In der mittleren Schicht befinden sich die eigentlichen Leuchtzellen, welche die Lichtenergie erzeugen. Die dritte Schicht ist durchsichtig, damit das Licht austreten kann. Das Licht der Glühwürmchen ist ein ganz besonderes und effizientes Licht. Es ist kaltes Licht, bei dessen Erzeugung so gut wie keine Wärme entsteht. Diesen Vorgang der selbstständigen Lichterzeugung, der auch bei einigen anderen Insekten, Spinnen, Quallen, Würmern, Tiefseefischen und sogar bei manchen Pilzen auftritt, nennt man Biolumineszenz. Das Licht wird bei ihnen entweder in Leuchtorganen oder mit Hilfe von Leuchtbakterien erzeugt.

Biolumineszenz

Darunter versteht man den Vorgang der **Erzeugung und Ausstrahlung von sichtbarem Licht, ohne** dass dabei **Wärme** entsteht. Dieses Licht wird als »kaltes Licht« bezeichnet. Den Vorgang nennt man Biolumineszenz.

Das kalte Licht des Glühwurmes entsteht durch Oxidation des Leuchtstoffes Luziferin mit Hilfe eines Enzyms. Es ist eine chemische Reaktion, die durch das Enzym, also ein Eiweiß, beschleunigt wird und bei der das Luziferin Elektronen abgibt. Das Licht des Glühwurmes ist äußerst wirkungsvoll und wirtschaftlich, weil mehr als 60 Prozent der dafür umgesetzten Energie in Licht umgewandelt werden. Betrachten wir dagegen unsere Glühlampen, sieht das ganz anders aus. Um jedoch die Effizienz der Laterne des Glühwurmes mit der Glühlampe zu vergleichen, benötigen wir die physikalische Größe des sogenannten Wirkungsgrades.

Wirkungsgrad

Der Wirkungsgrad drückt die Wirtschaftlichkeit eines technischen Systems, also das **Verhältnis von abgegebener Energie zur zugeführten Energie**, in Prozent aus. Da die abgegebene Energie durch Verlust, wie beispielsweise Wärme, immer kleiner als die zugeführte Energie ist, muss der Wirkungsgrad immer kleiner als 100 Prozent sein. Je kleiner der Wirkungsgrad, umso größer sind die Verluste. Der Wirkungsgrad kann daher niemals größer als 100 Prozent sein, da bei jeder Energieumwandlung der Aufwand größer als der Nutzen ist.

$$\text{Wirkungsgrad} = \frac{\text{Nutzen (abgegebene Energie)}}{\text{Aufwand (zugeführte Energie)}} \times 100$$

So betrug der Wirkungsgrad herkömmlicher Glühlampen nur fünf Prozent. Seit 2009 sind sie deshalb in der Europäischen Union (EU) verboten. Die restlichen 95 Prozent wurden aufgrund des Wirkprinzips der Widerstandserwärmung als ungenutzte Wärme in die Umgebung abgegeben. Mit anderen Worten: Die alte Glühlampe heizte mehr, als sie Licht aussendete. Sie erzeugte ihr Licht durch einen Glühdraht, der sich in der Lampe befand. Das nennt man Widerstandserwärmung. Fließt elektrischer Strom durch ein Metall, aus dem die Glühwendel der Glühlampe besteht, wird darin Wärme erzeugt. Als elektrischer Leiter setzt die Glühwendel dem Strom Widerstand entgegen.

Halogenlampen sind da schon etwas besser. Ihr Wirkungsgrad beträgt immerhin schon 10 Prozent. Die heute verwendeten Energiesparlampen haben mehr drauf, weil ihr Wirkungsgrad 25 Prozent beträgt. Hier werden 75 Prozent der elektrischen Energie in Wärme umgewandelt. Gegenwärtig werden verstärkt energieeffiziente LED-Leuchtmittel eingesetzt. Diese haben einen Wirkungsgrad von 30 bis 40 Prozent. Der Erfinder der Glühlampe Heinrich Göbel (1818–1893) wäre sicher begeistert, wenn er vom Wirkungsgrad der Laterne des Glühwurmes gehört hätte, die den Rekord-Wirkungsgrad von fast 100 Prozent erreicht.

Die Entwicklung in Richtung der Erhöhung des Wirkungsgrades von Leuchtmitteln schreitet immer weiter voran. Inzwischen wurde bei den LEDs ein technisches Problem zur Verbesserung ihres Wirkungsgrades gelöst. Der größte Teil des erzeugten Lichtes wird nämlich bei den neueren LEDs ins Innere so zurückgeworfen, dass es mehrfach nach außen reflektiert wird. Als biologisches Vorbild diente dazu das Panamaische Glühwürmchen, dessen Rauheit der Oberfläche die Lichtaussendung erhöht. Bei mit ähnlichem Material beschichteten LEDs liegt der Wirkungsgrad jetzt schon bei 50 Prozent.

Siegerpodest

VORBILD FICHTENKREUZSCHNABEL

Der sperlingsgroße Fichtenkreuzschnabel *(Loxia curvirostra)* gehört zur Familie der Finken und hat einen ganz besonders ausgeprägten Schnabel. Sein gebogener und gekreuzter Schnabel dient als Umformwerkzeug und ermöglicht ihm, unter die Zapfenschuppen zu gelangen, diese zu verbiegen und die frischen, schmackhaften Samen mit der Zunge zu erfassen. Selbst vereiste Zapfen sind im Winter für diesen Schnabel kein Problem. Auch sie werden von dem Vogel aufgebrochen. Fichtenkreuzschnäbel weisen noch eine weitere interessante Besonderheit auf: Im Dezember und Januar, wenn es draußen im verschneiten Wald recht kalt ist, beginnen diese Vögel zu brüten. Es gibt in dieser Zeit genug Samennahrung, um die Jungvögel schnell großzuziehen. Ein Elternteil sitzt dabei immer im Nest, um die Jungen unter dem schützenden Gefieder zu wärmen.

Ähnlichkeit von Schnabel und Rohrzange

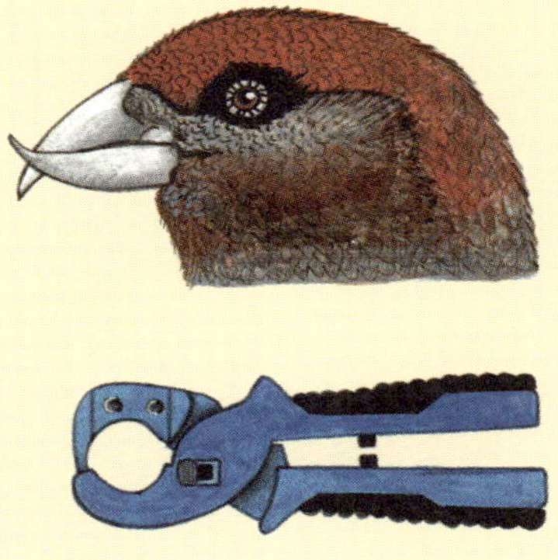

Der gebogene und gekreuzte Schnabel dieses Finkenvogels hat Ähnlichkeit mit den gebogenen Backen von Rohrzangen. Mit geraden Zangenbacken ließe sich kein Rohr festklemmen, weil es aus den Backen rutschen würde. Gebogene Zangenbacken dagegen umschließen fest das Rohr, sodass es nicht verrutscht.

VORBILD BUNTSPECHT

Bei einem Waldspaziergang hört man oft das laute Klopfen und Hämmern: Es sind Spechte. Sie signalisieren so eindrucksvoll anderen Vögeln, wo ihr Revier ist. Zusätzlich locken sie damit Weibchen an. Ihr Hämmern verrät aber auch, dass sie mit ihrem Schnabel Nisthöhlen in Bäume hacken oder nach Insekten suchen. Der Buntspecht *(Dendrocopos major)* wird oft »Zimmermann des Waldes« oder »Schlagzeuger der Natur« genannt. Im Wald hört man von ihm regelrechte Trommelwirbel. Das sind schon mal acht bis zehn Trommelwirbel, die er pro Minute durch den Wald schickt. Jeder einzelne davon dauert nicht einmal eine Sekunde, obwohl er aus bis zu 20 Schlägen bestehen kann. Das muss für den Vogelkopf eine ziemliche Belastung sein. Aber von Kopfschmerzen und Gehirnerschütterung keine Spur. Die bleiben dem Specht erspart, weil das Gehirn oberhalb des Schnabels sitzt. Dadurch können die Schläge nicht auf direktem Wege das Gehirn treffen. Zudem besitzt der Spechtkopf eine federnde Muskelverbindung, die vom Schnabel zum Schädel führt. Beim Klopfen sind diese Muskeln gegen die Schlagrichtung gespannt und fangen die Stoßwellen wirksam ab. Sein Zungenbein und der schwammartige Schädelknochen können zusätzlich noch Aufprallkräfte beim Klopfen aufnehmen und so abmildern.

Schwingungsdämpfer im Spechtkopf und Stoßdämpfer

Der »Zimmerer« des Waldes

Technisch könnte das Dämpfen von schädlichen und zerstörerischen Schwingungen bei Schutzbehältern für Flugschreiber und bei Schlagbohrmaschinen verwendet werden. So könnten die Gehäuse von Flugschreibern und Schutzhelmen mit einem schwammartigen Schichtaufbau versehen und Schlagbohrmaschinen mit federartigen Dämpfungselementen ausgestattet werden. Mit diesen konstruktiven Lösungen ließen sich Schwingungen und Aufprallenergien wirkungsvoll vermindern, sodass sie keine Schäden verursachten.

VORBILD KIEFERNZAPFEN

Kiefern gibt es in über 100 Arten. Sie gehören zu den Nadelholzgewächsen. Bei uns weit verbreitet ist die Wald-Kiefer *(Pinus sylvestris)*. Ihre Wuchshöhe beträgt 35 bis 40 Meter. Ihre verholzten Blütenstände kennen wir als Zapfen. Über sie werden die Samen verbreitet. Besonders ausgeklügelt ist das Öffnen und Schließen der Zapfen: Sie haben Schuppen, zwischen denen die Samen geschützt liegen. Bei Trockenheit öffnen sich die reifen Zapfen, die geflügelten Samen lösen sich von den Schuppen ab und werden durch die Luft fortgetragen. Die Samenreife findet in den Monaten September und Oktober im Jahr nach der Blüte statt.

Später fallen die Samen zu Boden und keimen. Aber wie öffnen sich die Zapfen genau? Das Geheimnis des Öffnungsvorganges liegt in den zwei unterschiedlichen Schichten, aus denen die Zapfenschuppen bestehen. Die Schichten reagieren unterschiedlich auf Veränderungen der Luftfeuchtigkeit. So ist die Unterseite der Schuppen viel stärker quellbar als die Oberseite. Die Zellen in der Unterseite können daher bedeutend mehr Wasser aufnehmen als die in der Oberseite. Die Schuppenunterseite dehnt sich stärker aus und wird dabei länger als die Oberseite. Da nun beide Seiten miteinander fest verbunden sind, bringt das Längenwachstum der Unterseite die Schuppe zur Durchbiegung. Die Schuppe biegt sich nach oben und legt sich an. So schließen alle Schuppen den Zapfen und schützen ihn vor Feuchtigkeit.

Geschlossene und geöffnete Kiefernzapfen

Das ist beim Bimetallstreifen zur Temperaturregelung von Glätteisen ähnlich. Nur der Auslöser zur Durchbiegung ist hierbei nicht wie beim Zapfenschuppen Feuchtigkeit, sondern Wärme. So wirkt der Bimetallstreifen wie ein Schalter in einem Stromkreis. Er regelt den Stromfluss und dadurch die Temperatur der Heizspirale, die sich im Glätteisen befindet.

Temperaturregelung im Glätteisen

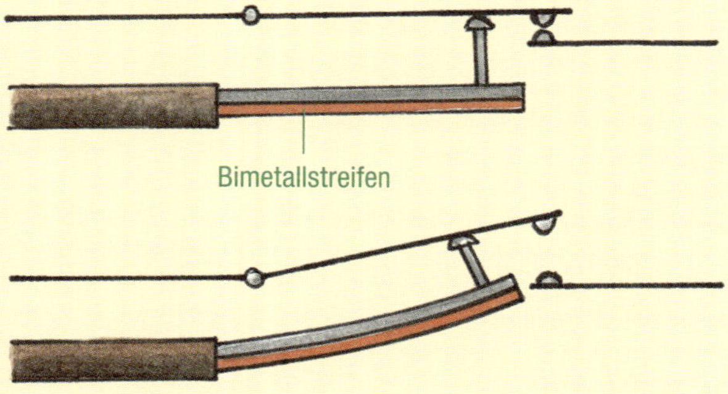

Die Glätteisenbacken sind noch kalt – der Kontakt ist geschlossen.

Die Glätteisenbacken haben die gewählte Temperatur erreicht und der Bimetallstreifen hat sich erwärmt – der Kontakt ist geöffnet.

Und so funktioniert der Bimetallstreifen im Glätteisen: Die Glätteisenbacken werden heiß, wenn der Stromkreis geschlossen ist. Wenn sich mit steigender Temperatur der Bimetallstreifen verbiegt, öffnet sich der Kontakt. Der Stromkreis wird unterbrochen und die Erwärmung gestoppt. Sobald sich der Streifen wieder genug abgekühlt und gestreckt hat, wird der Stromkreis wieder geschlossen. Dadurch ist die Temperatur in den Glätteisenbacken nach oben begrenzt und die vorher eingestellte Temperatur wird gehalten.

Aber zurück zu den Schuppen des Kiefernzapfens. Da die beiden Seiten der Schuppen unterschiedlich stark quellen, lässt sich daraus ein einfaches Hygrometer, also eine Messeinrichtung zur Ermittlung der Luftfeuchtigkeit, entwickeln.

Anfertigen eines einfachen Hygrometers

Wir brauchen:

- Grundplatte (Brettstück ca. 150 Millimeter × 70 Millimeter, 8–10 Millimeter dick (1)
- Rückwand (Stück Sperrholz ca. 150 Millimeter × 100 Millimeter) (2)
- Kiefernzapfen auf Grundplatte mit Heißkleber befestigt (3)

- Zahnstocher mit Heißkleber auf Schuppe befestigt (4)
- Skala (bemalt mit Regenschirm und Sonne) (5)
- Klebepistole mit Kleberstange

Hinweise:

Fertige nach der Abbildung das Hygrometer an. Klebe den Kiefernzapfen auf der Grundplatte und den Strohhalm an der Oberseite einer Schuppe mit Heißkleber an. Verwende für das Verkleben der anderen Teile, wie Rückwand, Grundplatte und Skala, einen anderen Klebstoff. Der Abstand des Kiefernzapfens zur Skala muss zuvor genau bestimmt werden. Die ausgewählte Schuppe zur Befestigung des Strohhalmzeigers muss im angelegten Zustand auf den Regenschirm und im abgespreizten Zustand auf das Sonnensymbol zeigen. Daher sollte man stets einen sehr trockenen Kiefernzapfen, also einen mit weit abgespreizten Schuppen, für das Hygrometer verwenden. Wenn das Hygrometer fertig ist, kann es im Freien getestet werden.

Kiefernzapfen-Hygrometer

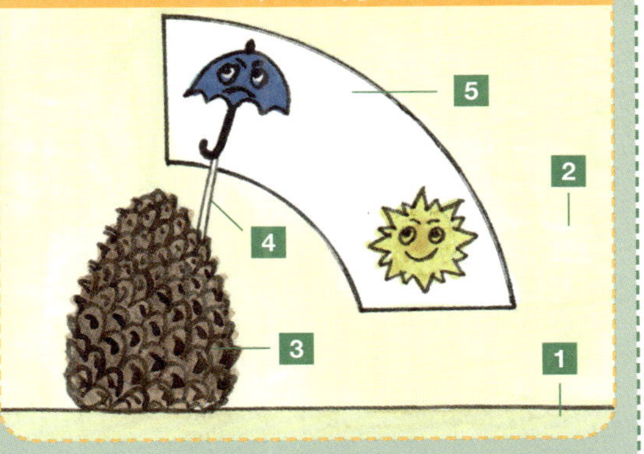

VORBILD HOLZBOCK

Der in Mitteleuropa weit verbreitete Gemeine Holzbock *(Ixodes ricinus)* gehört zu den Zecken, genauer zu den Schildzecken. Sie wiederum werden den Spinnentieren zugeordnet. Zecken halten sich meist auf der Unterseite von Halmen, Blättern und Zweigen auf. Sie sind an ihrem ungegliederten, sackförmigen Körper zu erkennen. Als Parasiten ernähren sie sich vom Blut anderer Tiere oder Menschen. Nach einem Waldspaziergang sind sie manchmal ein ungebetener und unangenehmer Gast auf unserer Haut. Beißt sich eine Zecke in der

Haut fest, ist nach einiger Zeit ein roter Hof um diese Hautstelle sichtbar. Ein Biss kann zu einer Infektion mit Borrelienbakterien führen, die die gefährliche Krankheit Lyme-Borreliose auslösen können. Auch ein Virus (FSME) kann übertragen werden, der eine Form der Hirnhautentzündung hervorrufen kann.

Gemeiner Holzbock und sein Stechsaugorgan – Analogie zwischen Stechsaugorgan und Dübel

Stechsaugorgan

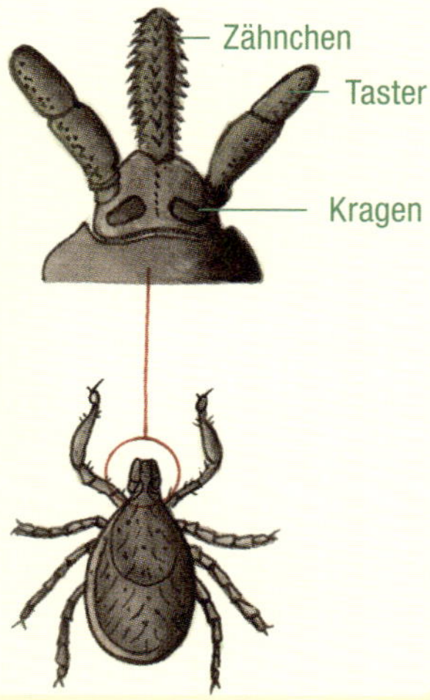

Dübel

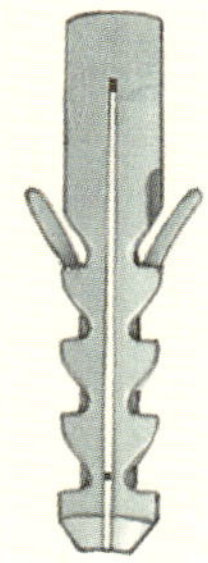

Am Kopf sind die Mundwerkzeuge der Zecke angeordnet. Ein Stech-Saug-Organ befindet sich mittig auf einem Kragen aus Chitin. Chitin ist der Baustoff ihres Außenskeletts. Das Stech-Saug-Organ ist von zwei Tastorganen umgeben, die geeignete Haftstellen an der Haut ausfindig machen können. Außerdem schützen die Tastorgane bei Nichtgebrauch die Zähnchen, mit denen das Stech-Saug-Organ ausgestattet ist. Die Zähnchen sind rückwärtsgerichtet, um einen sicheren Halt in der Haut des Wirtes zu gewährleisten. In seiner äußeren Gestalt ist das Organ einem Dübel sehr ähnlich und in der Funktion des Verankerns mit dem Untergrund ist es sogar gleich.

In der Technik dient der Dübel dazu, eine Schraube mit einer Wand zu verbinden. Wird nämlich die Schraube in den Dübel gedreht, spreizt er sich und verankert sich fest in der Wand. Die Last des zu befestigenden Wandregals, Schrankes oder Bildes überträgt sich wirkungsvoll auf den Untergrund.

VORBILD WIESENSALBEI

Der Wiesensalbei *(Salvia pratensis)* gehört zu den Lippenblütlern, zu denen auch unsere heimische Taubnessel, der Thymian und die Minze gehören. Er hat eine interessante Bestäubungseinrichtung. Bestäubung ist verallgemeinert ein Vorgang, bei dem der Blütenstaub, also der Pollen, auf die Narbe der Blüte übertragen wird. Die Bestäubungseinrichtung des Wiesensalbeis hat Ähnlichkeit mit einem Schlagbaum. Bienen und Hummeln berühren auf der Suche nach Nektar die Staubbeutel (männlicher Blütenteil) und Narben (weiblicher Blütenteil). Landet ein Insekt auf der Unterlippe der Blüte und steckt den Kopf samt Rüssel zur Nektaraufnahme tief hinein, stößt es am Boden der Blüte auf ein kleines Plättchen. Das Plättchen ist am kurzen Arm eines langen, gebogenen Hebels - dem Staubfaden - befestigt. Der hebelartige Staubfaden besteht aus einem kurzen und einem langen Teil, durch den ein Drehpunkt geht. Schon geringe Kräfte auf den kurzen Teil, an dem sich das Plättchen befindet, reichen aus, um den Staubbeutel mit den Pollen am langen Teil in einer großen Bahn nach unten zu senken. Durch die vom Kopf des Insekts ausgeübte Druckkraft wird der kurze Arm ein Stück nach hinten bewegt, worauf sich der lange Arm

Bestäubungseinrichtung der Salbeiblüte als Hebelwerk

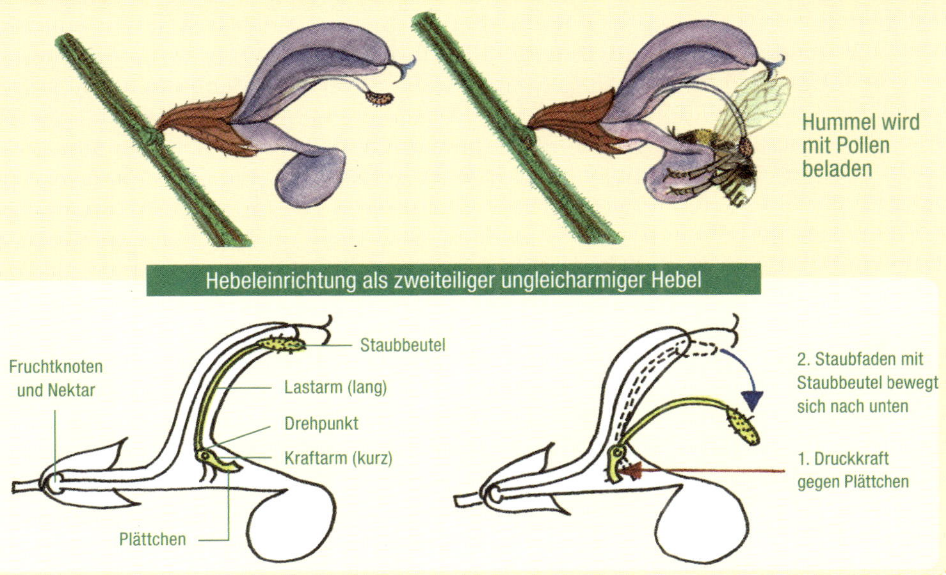

des Staubfadens auf den Insektenrücken bewegt und ihn mit Pollen belädt. Nach dem schmackhaften Nektarmahl hebt sich der Kopf samt Rüssel wieder von dem Plättchen ab und der Hebel geht wieder in seine Ausgangslage zurück. Übrigens ist die Bestäubungsstelle auf dem Insektenrücken diejenige Stelle, die auch bei anderen besuchten Blüten als Pollenablage berührt wird. Wenn das mit Pollen beladene Insekt eine ältere Blüte aufsucht, deren Fruchtblätter bereits ausgewachsen sind, überträgt es den Pollen vom Rücken auf die Narbe und die Bestäubung ist damit erfolgt.

Botaniker bezeichnen das Hebelwerk in der Salbeiblüte als »Schlagbaum-Mechanismus«. Dieser Mechanismus kann an der Blüte mit einer Bleistiftspitze selbst einmal ausprobiert werden. Mit einer Lupe lässt sich dann feststellen, dass sich auf dem Bleistift etwas Pollen befindet. Beim Schlagbaum-Mechanismus ist der Abstand zwischen Drehpunkt und Kraftarm, also dort wo das Insekt angreift, kleiner als zwischen Drehpunkt und Lastarm mit Staubbeutel. Der Schlagbaum-Mechanismus stellt also einen zweiseitigen, aber ungleicharmigen Hebel dar. Bei einer mechanischen Waage und einer Wippe liegt ebenfalls ein zweiseitiger Hebel vor. Allerdings ist dieser zweiseitige Hebel gleicharmig: Die Abstände vom Drehpunkt des einen Hebelarmes auf der linken Seite und des anderen Hebelarmes auf der rechten Seite sind gleich.

Vom ein- zum zweiseitigen Hebel

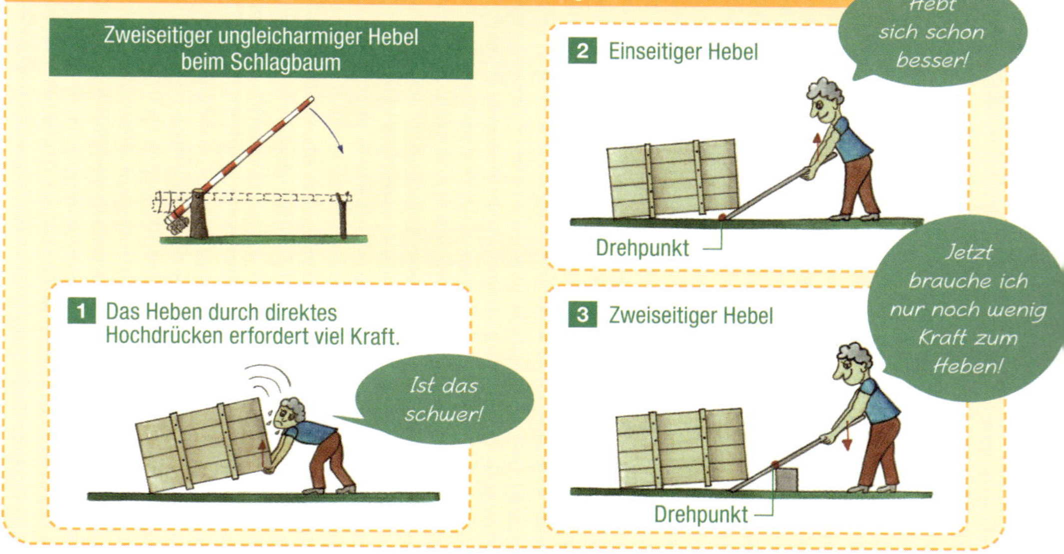

Der Drehpunkt liegt hier genau in der Mitte. Dagegen liegt der Drehpunkt im Hebelwerk der Salbeiblüte ziemlich weit von der Mitte entfernt. Er befindet sich im unteren Viertel des Hebelwerkes.

Fast alle Bewegungen, wie beispielsweise Laufen, Springen, Hüpfen und Kauen, basieren in der lebenden Natur auf dem Hebelprinzip. Auch beim menschlichen Skelett wirken die Knochen als Hebel. Der zweiseitige, ungleicharmige Hebel ist auch in der Technik Bestandteil vieler Gegenstände, wie beispielsweise Nussknacker, Scheren, Schlagbäume zur Absperrung von Waldwegen oder ältere Schranken an Bahnübergängen.

Den kraftsparenden Hebel hat jedoch nicht der Mensch, sondern die lebende Natur bereits vor vielen Millionen Jahren hervorgebracht.

Kreativitätstraining: Deckelhebeeinrichtung

Wilhelm ärgert sich darüber, dass er sich jedes Mal bücken muss, wenn er den Müll in den Mülleimer gibt. Das müsste doch viel einfacher zu machen sein, denkt er …
Entwickle für einen Mülleimer eine einfache und funktionssichere Vorrichtung zum Heben und Senken des Deckels!

VORBILDER ARONSTAB UND OSTERLUZEI

Blüten mit Insektengefängnis – ja, ihr habt richtig gelesen, das gibt es tatsächlich in der Natur.

Der Gefleckte Aronstab *(Arum maculatum)* und die Gewöhnliche Osterluzei *(Aristolochia clematis)* sind damit ausgestattet. Der Gefleckte Aronstab ist in Europa weit verbreitet. Sein Standort sind schattige, feuchte Laubwälder. Das große Hüllblatt der Blüte des Aronstabes ist sehr interessant: Sie ist eine »Kesselfallenblüte«. Aber Vorsicht, die Pflanze ist ziemlich giftig! Die Blüte des Aronstabes bildet eine spitz geformte Scheide, unter der sich ein Kessel befindet. Aus diesem ragt ein Stiel hervor, der oben in einem Kolben endet. Im

Kesselgrund liegen die Staubgefäße und Stempel. Der Eingang zum Kessel ist durch Härchen versperrt, die ähnlich einer Reuse angeordnet sind.

Der Kolben in der Blüte verströmt einen starken Aasgeruch und zieht damit Bestäuber, wie kleine Fliegen, an. Die Lufttemperatur in der Blütenscheide liegt etwa 12 °C über der Umgebungstemperatur. Dadurch kann der Aasgeruch leichter der Blüte entströmen und bestäubende Insekten anlocken. Auf dem Weg zum Kessel müssen die Fliegen sich jedoch durch die nach unten gerichteten Härchen der Scheide zwängen, um an den begehrten Nektar zu gelangen. Befinden sich die Fliegen im Kessel, sind sie wie in einer Falle gefangen. Den Rückweg versperren die Härchen. Im »Blütengefängnis« lässt es sich aber gut aushalten – es gibt Nektar im Überfluss und schön warm ist es dort auch. Ist die Narbe vom mitgebrachten Blütenstaub bestäubt, welken die Sperrhaare. Die mit neuem Blütenstaub beladenen Fliegen können nun das Blütengefängnis verlassen und zur nächsten Blüte fliegen.

Aronstab und Osterluzei im Blütenschnitt

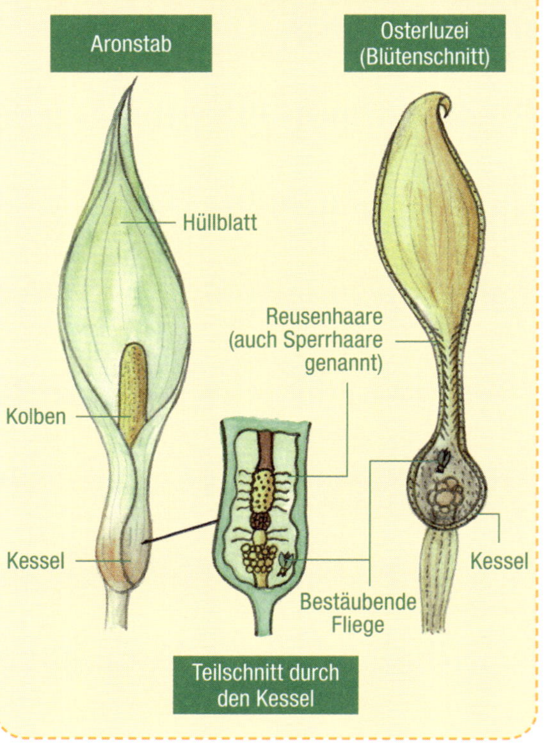

Die gelben, röhrenförmigen Blüten der Gewöhnlichen Osterluzei haben einen ähnlichen Aufbau. Auch sie locken durch ihren strengen Geruch kleine Fliegen zur Bestäubung an. Diese fliegen die tütenförmige Öffnung der Blüte an und krabbeln hinein.

Auch hier lassen sich Analogien zur Technik finden. Fischreuse und Mausefalle zeigen Ähnlichkeiten im Aufbau mit diesen Blütengefängnissen.

Schauen wir uns die Mausefalle näher an. Die Maus gelangt durch die obere Öffnung in die Falle. Mit ihrem Körper biegt sie die dünnen, elastischen Drähte leicht auseinander. Sie sind trichterförmig angeordnet, also oben weiter und unten enger. Ist die Maus unten am Leckerbissen angekommen, ist der Rückweg versperrt.

Reusenprinzip in der Technik

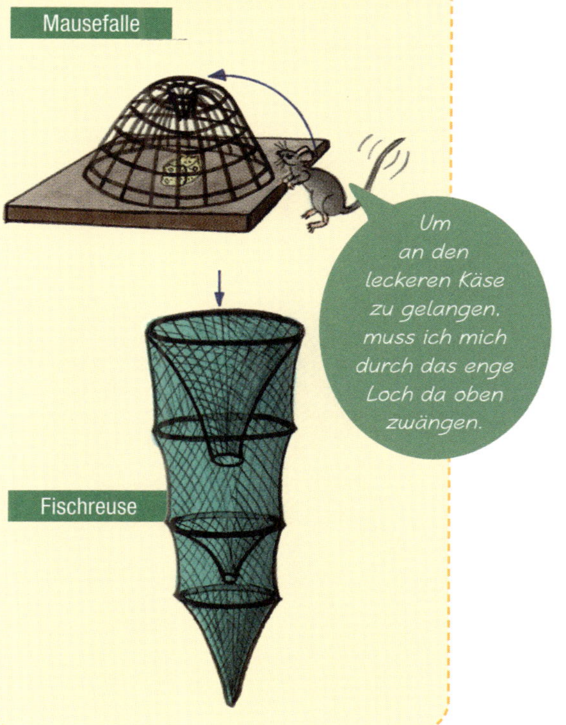

VORBILD BRENNNESSEL

Jeder von uns hat sicherlich schon einmal beim Berühren einer Großen Brennnessel *(Urtica dioica)* deren unangenehmes Brennen in der Haut gespürt. Das kommt daher, dass Blätter und Stängel der Brennnessel mit vielen Brennhaaren besetzt sind. Die Brennhaare bohren sich in die Haut und die austretende Flüssigkeit, eine harmlose Giftmischung, führt zur Hautreizung. So ist diese Nesselpflanze vor Fressfeinden geschützt. Brennhaare sind langgestreckte Zellen und bestehen aus Röhrchen, deren kugelähnliche Spitzen durch die Einlagerung von Kieselsäure hart und spröde wie Glas sind. Bei Berührung brechen die Kügelchen leicht ab und bilden eine schräge Bruchstelle. Diese ist vergleichbar mit sogenannten Sollbruchstellen in der Technik. Eine Sollbruchstelle ist einfach ausgedrückt diejenige Stelle, die bei Berührung oder anderer Belastung mit Bestimmtheit bricht. Das kann eine dünne Stelle, eine Kerbe, eine Einritzung oder eine gleichmäßige Anordnung von Löchern auf einer Trenn- oder Reißlinie sein. Letzteres nennt man auch Perforation.

Brennhaare und Spritzennadeln haben Ähnlichkeiten in Aufbau und Wirkungsweise. Bricht ein Brennhaar ab, entsteht eine Spitze, die so scharfkantig ist wie eine Spritze. Außerdem sind beide hohl, sodass Flüssigkeit durch sie hindurchlaufen kann. Im unteren verdickten Teil des Brennhaares befindet

Die Brennnessel und das Brennhaar im Vergleich zur medizinischen Ampulle und Spritze

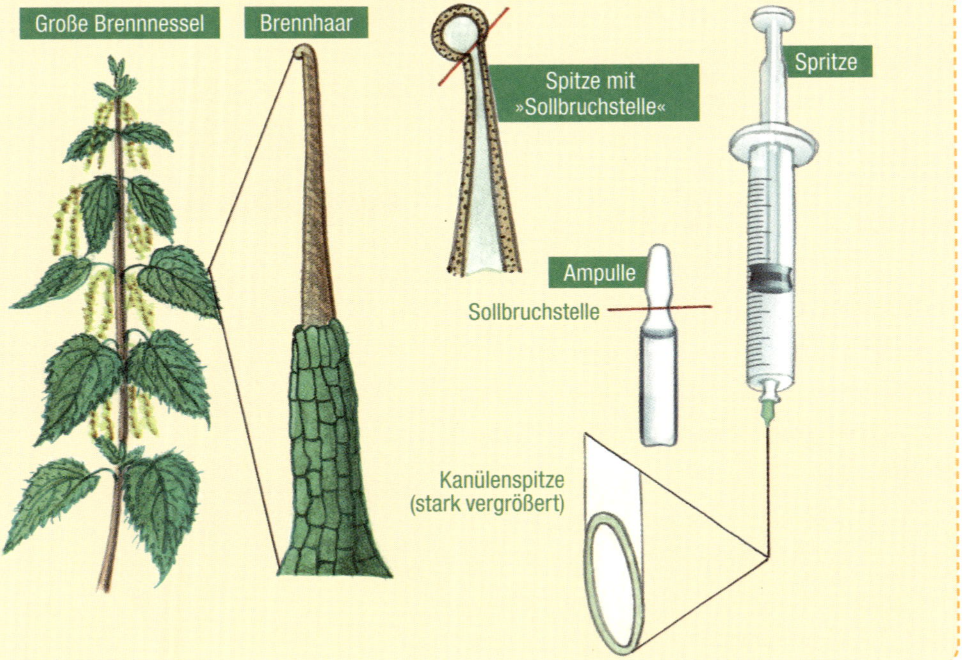

sich ein winziger Speicher, der Reizflüssigkeit enthält. Bei Berührung des Haares biegt es sich und drückt auf den Flüssigkeitsspeicher. Die Flüssigkeit wird durch das Röhrchen gepresst und kann so ungehindert unter die Haut gelangen.

VORBILD REIHERSCHNABEL

Der Gewöhnliche Reiherschnabel *(Erodium cicutarium)* hat als heimische Wildpflanze kleine gefiederte Blätter, rosafarbene bis violette Blüten und besitzt die typische schnabelförmige Spaltfrucht. Diese zerfällt bei Reife in fünf längliche Teilfrüchte, die in einer langen Granne enden. Bei Trockenheit sehen diese Früchte wie Korkenzieher aus. Bei feuchtem Wetter jedoch nehmen die Früchte Wasser auf, entrollen und strecken sich. Sie sind also wasseraufnehmend oder hygroskopisch. Dieser Begriff kommt aus dem Griechischen: hygros bedeutet feucht und skopein aufnehmen. Die Zellwände der Grannen bestehen aus zueinander schräg angeordneten Zellulosemolekülen, die das Einrollen und Strecken der Grannen verursachen. In einem Experiment mit Papierstreifen können die Bewegungen der Grannen veranschaulicht und nachgeprüft werden.

Papierstreifen-Experiment zur Grannenbewegung

Forscherfrage:
Wie kommt die Grannenbewegung zustande?

Ausschneiden der Papierstreifen

Wir brauchen:

- 1 Bogen liniertes Schreibpapier DIN A4
- Schere, Bleistift und Lineal
- kleine Schüssel mit Wasserfüllung

1. Ausschneiden von drei gleichgroßen Papierstreifen aus dem linierten Bogen Schreibpapier (siehe Abbildung). Beachte, dass ein Streifen in Quer-, der andere in Längs- und der dritte in Diagonalrichtung ausgeschnitten werden muss.
2. Auflegen der Papierstreifen auf die Wasseroberfläche und beobachten, was einige Minuten später geschieht
3. Beantworten der Forscherfrage

Die Papierstreifen in Quer- und Längsrichtung biegen sich einmal mit der Richtung und einmal gegen die Richtung der Linien. Der in Diagonalrichtung geschnittene Papierstreifen rollt sich schräg. Das hängt mit dem Faserverlauf in der Papierbahn zusammen. Im Papierbogen verlaufen sie vollkommen ungleichmäßig. Wenn die Fasern Wasser aufnehmen, quellen sie quer zu ihrer Längsrichtung stärker als parallel zu ihr. Das ist bei Holz übrigens auch der Fall. Eine stärkere Quellung wiederum erzeugt die Rollung. Am Beispiel der

Papierstreifen haben wir die Bewegung nachgewiesen, die sich durch die Aufnahme von Wasser ergibt.

Genauso verhält es sich bei der Grannenbewegung der Früchte des Reiherschnabels. Durch abwechselndes Aufrollen und Strecken der Grannen bewegen sich die Teilfrüchte des Reiherschnabels mit den Samen über den Boden, bis sie eine geeignete Erdspalte finden, um sich dort zu befestigen und zu keimen. Die mit Borsten besetzten Grannen verankern den Samen fest im Boden. Eine solche Bodenverankerung mit abstehenden Borsten haben wir ja auch beim Regenwurm kennengelernt.
Findet die Granne in der Erdspalte an deren Wänden halt, bohrt sich der Samen

Reiherschnabel mit Teilfrucht und Spiralbohrer

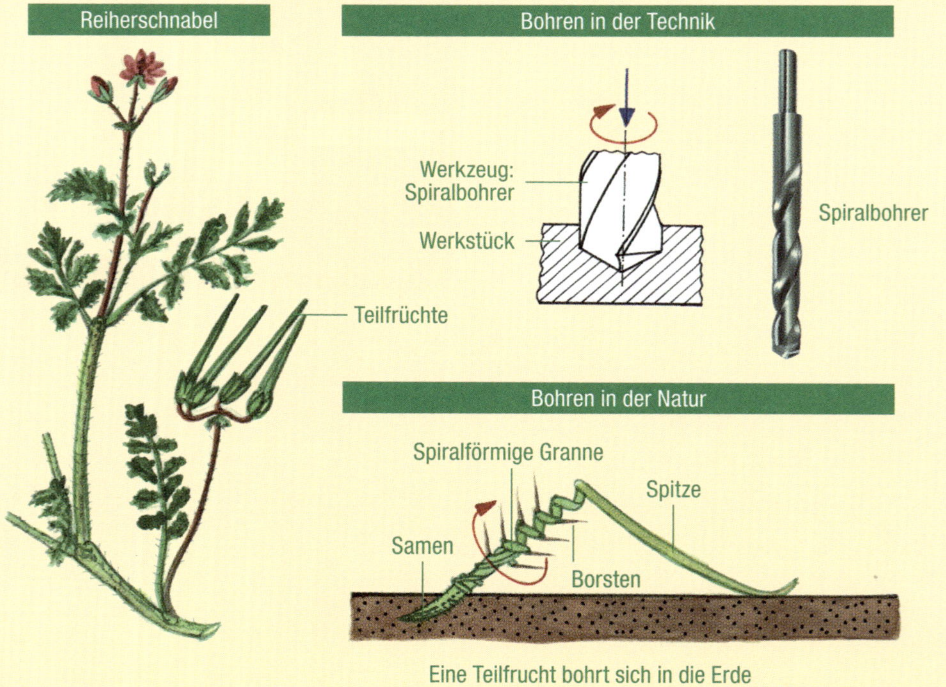

Eine Teilfrucht bohrt sich in die Erde

durch Drehbewegung in die umgebende Erde ein. Dieser Vorgang ist wie das Bohren mit einer Bohrmaschine. Deren Werkzeug, der Spiralbohrer, erzeugt durch drehende Bewegung Bohrlöcher in einem Werkstück.

VORBILD MOHNKAPSEL

Für viele ist Mohngebäck eine Delikatesse. Die ölhaltigen Samen des Mohns werden als Lebensmittel zur Herstellung von allerlei Süßspeisen und Gebäck verwendet. Wieder andere erfreuen sich an den roten Blüten des Klatschmohns *(Papaver rhoeas)*, der bei uns hier in Mitteleuropa heimisch ist. Seine geschlossenen Kapselfrüchte mit den vielen Samenkörnern haben kleine Poren als Öffnungen, die der Samenverbreitung dienen. In einer einzelnen Mohnkapsel sind mehrere hundert Samenkörner untergebracht. Wenn sich der Stängel des Klatschmohns durch Wind oder auch durch Berührung neigt, fallen die Samen gleichmäßig aus den Poren der Kapsel und verstreuen sich um die Pflanze. Diese Erscheinung erinnert an einen Salzstreuer. Der Biotechniker Raoul H. Francé (1874–1943) entwickelte tatsächlich nach dem Vorbild der Mohnkapsel einen Salzstreuer. Er suchte eine technische Lösung zum gleichmäßigen Ausstreuen von Bodensubstrat und fragte sich, wie die lebende Natur das gleichmäßige Ausstreuen verwirklicht.

Von der Mohnkapsel zum Salzstreuer

Problem:
Gleichmäßiges Ausstreuen von Bodensubstrat

Raoul Francé (1873–1943) beim Problemlösen

Die Erfindung des Salzstreuers 1919

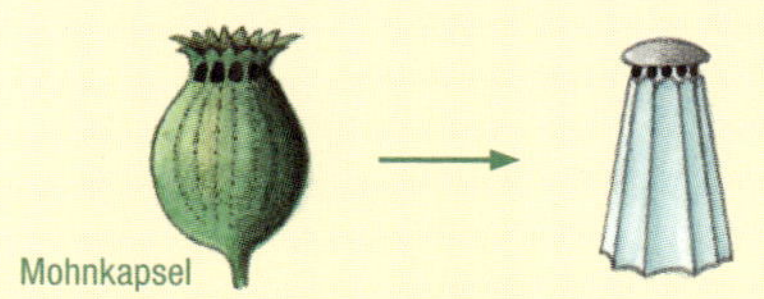

Salzstreuer im Laufe der Entwicklung

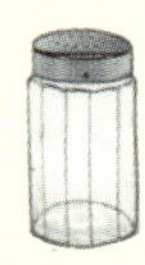

1942

1956

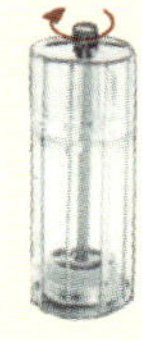

1996 (mit Mahlwerk)

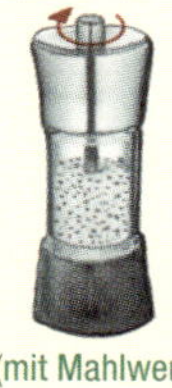

2015 (mit Mahlwerk)

Die Mohnkapsel kann zur Lösung des Problems der Größensortierung von Sonnenblumenkernen anregen. Mit der Entwicklung und dem Bau einer einfachen technischen Einrichtung zur Sortierung unterschiedlich großer Sonnenblumenkerne kann das ausprobiert werden.

Technische Lösung zur Sortiereinrichtung

Problemsituation:
In einem Unternehmen, welches Naturkost herstellt, soll ein Gemisch aus unterschiedlich großen Sonnenblumenkernen getrennt werden. Die Trennung ist erforderlich, damit die Kerne größengerecht als Knabbersnack, Vogelfutter und Ausgangsprodukt für Speiseöl verpackt werden können.

Anforderungen an die technische Lösung Sortiereinrichtung:

- Funktionssicherheit (Trennen des Körnergemisches in drei unterschiedliche Korngrößen)
- Material- und energiesparende Lösung
- Ansprechendes Design

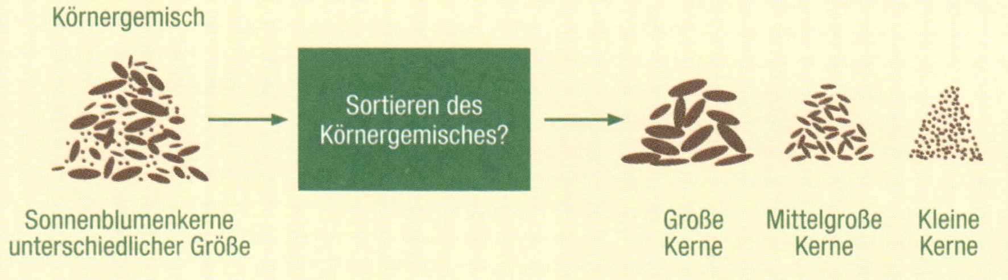

1. Entwerfe eine technische Lösung!
   Untersuche, wie das Problem Abscheiden bzw. Trennen von Körnern und Samen in der Natur gelöst wird!
   Welche Pflanzen und/oder Tiere können Anregungen für die Lösung des Problems geben?
2. Fertige aus Zeichenkarton oder Pappe ein Funktionsmodell an!
3. Teste das Modell und untersuche dessen Funktionssicherheit!

Mit der Entdeckung biologischer Vorbilder wie der Mohnkapsel allein ist ein technisches Problem jedoch keineswegs gelöst. Das Vorbild regt lediglich zu weiteren Überlegungen an. Es hat Merkmale, auf die eine technische Lösung aufgebaut werden kann. Beispielsweise hat die Mohnkapsel Merkmale wie Anzahl, Lage, Anordnung und Lochgröße. Für die Übertragung in die Technik sind diese Merkmale so zu verändern, dass sich daraus schrittweise eine Anwendung entwickeln lässt. Es können auch aus anderen Bereichen Lösungen genutzt und übertragen werden. Trommelsiebe, die nach dem Prinzip der geneigten Ebene die Schwerkraft nutzen, und Rüttelsiebe wären als technische Vorbilder zu nennen. Dadurch können nicht nur Lösungen aus der Natur, sondern auch solche aus der Technik für die Lösungsfindung genutzt werden. Eine Auswahl der entwickelten Sortiereinrichtungen ist nachfolgend dargestellt.

Technische Lösungen zu Sortiereinrichtungen

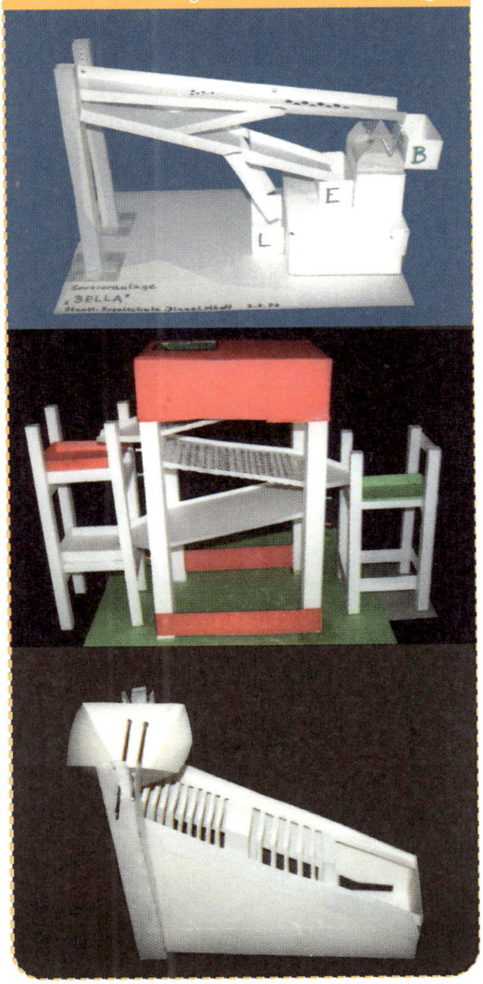

VORBILD GEWÖHNLICHER LÖWENZAHN

Alle kennen den Löwenzahn, der auch Pusteblume genannt wird. Sind die goldgelb strahlenden Blüten verblüht, werden gern die Fallschirmfrüchte weggepustet. Dann kann man beobachten, wie sie davonfliegen. Der Gewöhnliche Löwenzahn *(Taraxacum)* gehört zur Familie der Korbblütler. Er besitzt etwa 200 kleine, zu länglichen Zungen ausgeformte Blütenblätter. Diese bilden den Blütenstand, der als Scheinblüte bezeichnet wird. Wenn er verblüht und die Fruchtreife beendet ist, werden durch den Wind die schlanken und mit einem Haarschirm versehenen Früchte fortgetragen (vgl. Band 2 »Von Flugfrüchten abgeschaut« der Bionik-Reihe, S. 39).

Gewöhnlicher Löwenzahn mit einer Schirmfrucht

Leonardo da Vinci und die Erfindung des Fallschirmes

Die Löwenzahnfrucht als Vorbild für den Fallschirm

Wie eine Fallschirmspringerin sinken die Schirmfrüchte mit ihren Samen infolge der Schwerkraft langsam auf den Boden. Das Universalgenie Leonardo da Vinci (1452–1519) hat nach dem Vorbild dieser Schirmfrüchte um das Jahr 1500 den Fallschirm erfunden.

Einen einfachen Fallschirm können wir für ein Fallschirmspiel anfertigen und testen.

Modell: Herstellen und Testen von Fallschirmmodellen

Forscherfrage:
Welcher der beiden Fallschirm-Modelle sinkt langsamer zu Boden?

Wir brauchen:

- Pfeil und Bogen
- 4 größere Unterlegscheiben als Führungsringe und Massestücke
- 1 Stück dünner Stoff
- Bindfaden
- Schere, Lineal und Bleistift
- Stoppuhr oder Armbanduhr
- Klebstoff

Herstellen der Fallschirm-Modelle:

1. Zurechtschneiden zweier Stoffquadrate mit unterschiedlichen Schirmflächen
   Erste Schirmfläche 20 × 20 Zentimeter (A)
   Zweite Schirmfläche 30 × 30 Zentimeter (B)
2. Schneiden von je vier Bindfäden gleicher Länge für beide Schirme
3. Verknoten der Bindfäden mit den Ecken der Schirmflächen
4. Aufkleben einer kreisförmigen Verstärkung in der Mitte der Schirmflächen
5. Anbringen der Massestücke an den Fadenenden mittig unterhalb der Schirmflächen

Fallschirmmodelle

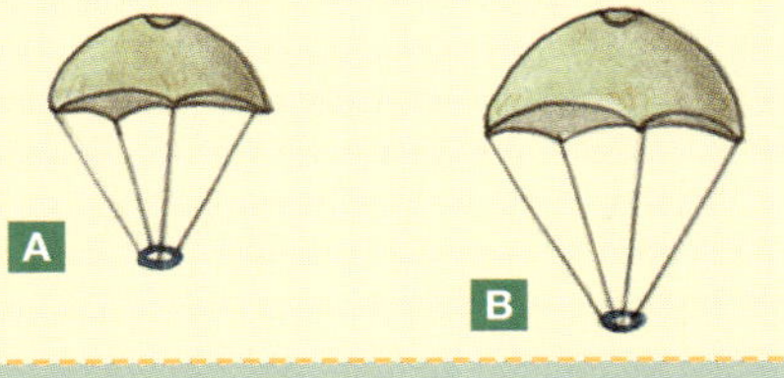

Fallschirmmodelle im Test

Testen der Schirm-Modelle:

1. Einhängen jedes Fallschirmes nacheinander auf den Pfeil und anschließend mit dem Bogen abschießen. Beachte, dass die Durchbiegung des Bogens bei beiden Abschüssen etwa gleich sein muss!
2. Messen und notieren der Zeiten in Sekunden beider Schirm-Modelle vom Start bis zur Landung. Der Stab rutscht durch seine Eigenmasse infolge der Schwerkraft heraus und der Fallschirm öffnet sich. Hinweis: Erst die Stoppuhr betätigen, wenn der Schirm geöffnet ist!
3. Beantworte die Forscherfrage!

Bei völliger Windstille sinkt der Fallschirm durch die Schwerkraft Richtung Boden. Der Schirm bietet der Luft durch seine angeströmte Fläche entsprechenden Widerstand. Unterhalb des Schirmes staut sich die Luft. Es entsteht Staudruck und gleichzeitig Sog durch die Wölbung auf der Oberseite des Schirmes. Der große Strömungswiderstand des Fallschirmes bewirkt, dass die Fallschirmspringerin langsam zur Erde fällt.

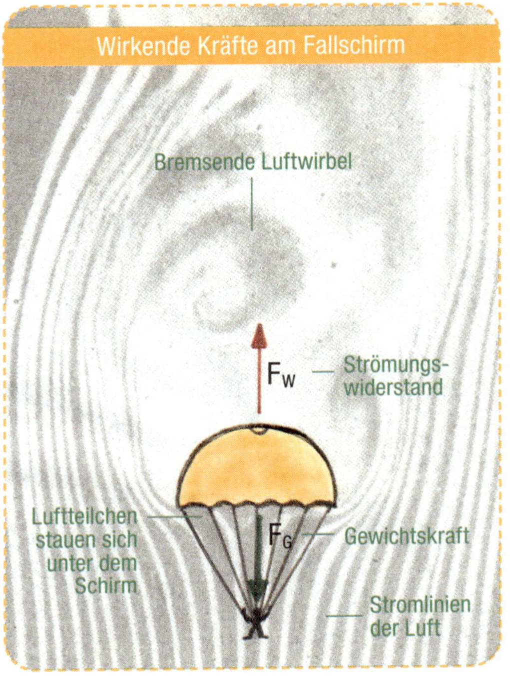

Die beiden Kräfte, Gewichtskraft F_G und Strömungswiderstand F_W, wirken in unterschiedliche Richtungen, also entgegengesetzt. Um das zu verdeutlichen, führen wir ein kleines Freihandexperiment durch. Dazu benötigen wir zwei gleichschwere Bögen Kopierpapier. Der eine Bogen wird zu einer Papierkugel geknüllt. Beide Bögen werden aus gleicher Höhe fallengelassen, wobei die Papierkugel den Boden zuerst erreicht. Der unzerknüllte Bogen sinkt langsamer zu Boden, da er im Gegensatz zur Papierkugel eine viel größere Fläche besitzt, die von der Luft angeströmt wird.

Soll also etwas langsam zu Boden fallen, muss der Strömungswiderstand vergrößert werden –wie beim Fallschirm. Bei leichtem Seitenwind entsteht noch zusätzlich eine Auftriebskraft. Sind die Windverhältnisse jedoch besonders günstig, kann die Auftriebskraft größer als die Gewichtskraft werden. Dann steigt der Fallschirm zeitweise sogar leicht aufwärts. Dadurch braucht er insgesamt länger, bis er auf den Boden gesunken ist.

VORBILD MARIENKÄFER

Jeder kennt den Siebenpunkt-Marienkäfer *(Coccinella septempunctata)* als Glücksbringer und zuverlässigen, umweltschonenden Fressfeind von Blattläusen.

Betrachtet man einen solchen flugfähigen Käfer, so fällt auf, dass er durch seine halbkugelige und etwas plumpe Körpergestalt wohl kaum aerodynamische Eigenschaften aufweist. Auf den ersten Blick scheint er kein guter Flieger zu sein. Aber weit gefehlt – er kann geschickt fliegen und erreicht mit über 90

Flügelschlägen in der Sekunde für seine Größe beachtliche Geschwindigkeiten von bis zu 24 Kilometern pro Stunde.

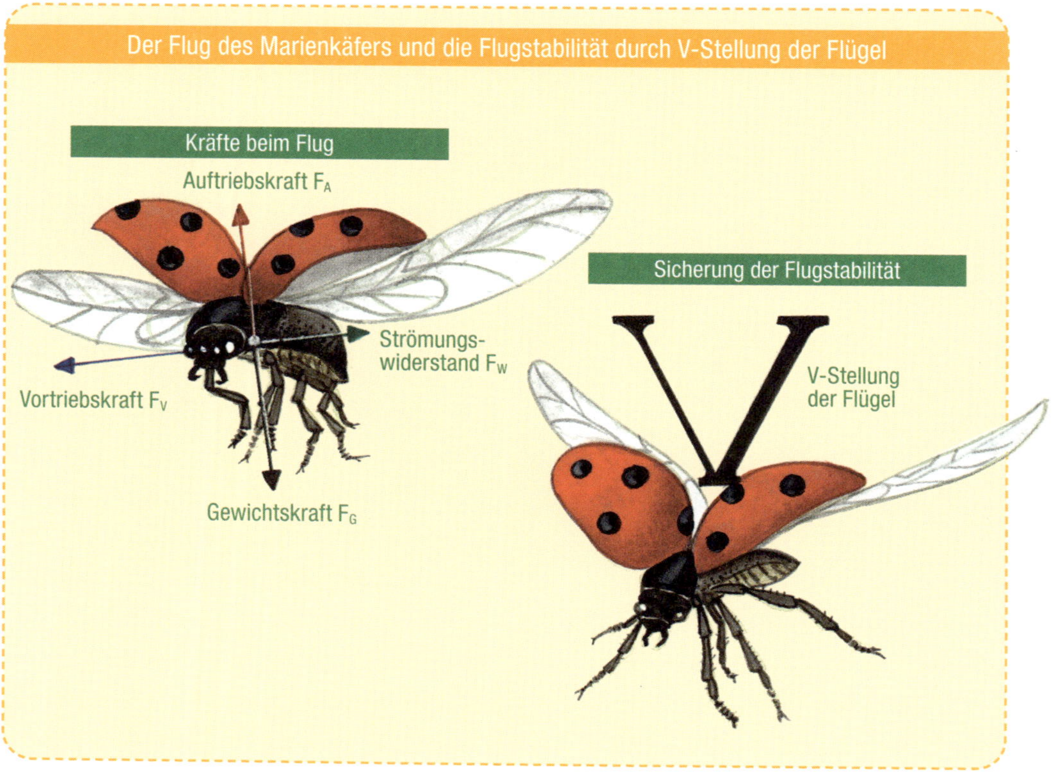

Für Übertragungen in die Technik sind Flugstabilität und Flügelfaltung der Käfer von Bedeutung. Genauso wie die Flügel des Ohrwurmes und andere Insektenflügel könnten sie als perfekte Vorlage für faltbare Solarsegel zur elektrischen Energieversorgung von Raumstationen dienen. Die harten Deckflügel aus Chitin schützen im angelegten Zustand die darunterliegenden filigranen Hautflügel. Jedoch können sie während des Fluges zur V-Form aufgestellt werden und den Käfer im Gleichgewicht halten. Erwischt den Käfer beispielsweise eine Bö, die ihn aus seiner Normalfluglage wirft, wird dadurch das seitliche Kippen verhindert. Bei der ebenen Anordnung der Flügel entsteht ein ungeordneter Zick-Zack-Sinkflug. Werden die Flügel jedoch in V-Form angeordnet, ist die Fluglage stabil (siehe Experiment Band 6 »Vom Fliegen«, S. 67).

Trage die Namen der Abbildungen in die Kästchen ein. Dann ergänze die fehlenden Buchstaben und das Lösungswort ist fertig.

VORBILDER SAUERKLEE UND KOMPASSLATTICH

Pflanzen verfügen nicht wie wir über Sonnenschirme und haben auch keine Sonnenrollos, um sich vor zu starker Sonneneinstrahlung um die Mittagszeit zu schützen. Doch beispielsweise Waldsauerklee *(Oxalis acetosella)* und Kompasslattich *(Lactuca serriola)* verfügen über spezielle Schutzeinrichtungen. So richtet der Kompasslattich seine Blätter in Nord-Süd-Richtung aus. Auch eine Kompassnadel macht das – daher der Name dieser Pflanze. Die senkrecht stehenden Blätter der Pflanze sind dabei mit ihren Längsseiten nach oben und unten gerichtet. Damit bieten sie den Sonnenstrahlen um die Mittagszeit bei hochstehender Sonne kaum eine Angriffsfläche und können sich nicht so stark aufheizen. Das verringert natürlich die Verdunstung von Wasser, womit ein schnelles Austrocknen vermieden wird. Der Sauerklee klappt dagegen bei starker Sonneneinstrahlung seine schirmartig aufgespannten Blätter nach unten. Dafür besitzt er ein spezielles Blattgelenk, mit dem die Blattstellung verändert werden kann.

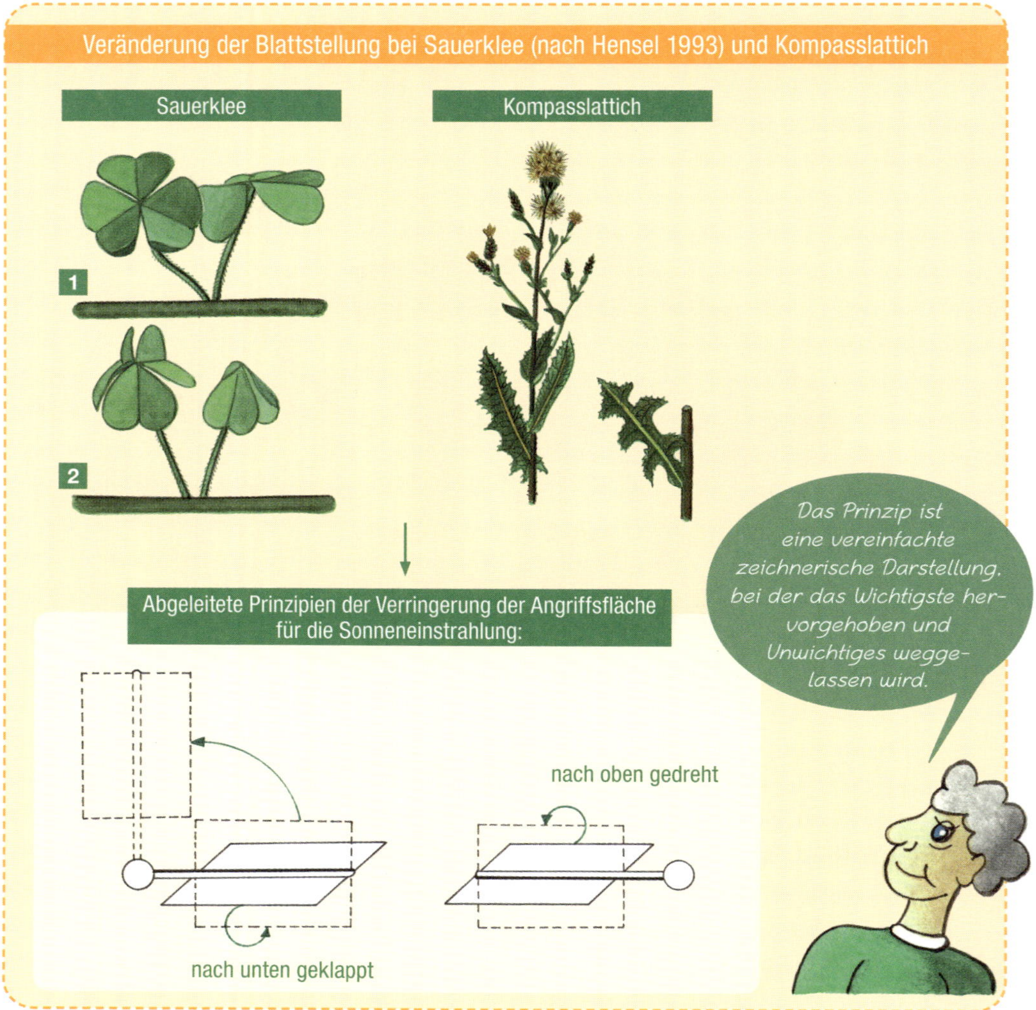

Auslöser für die Veränderung der Blattstellung ist der sogenannte Turgor. Das ist der Zellinnendruck, den die Zellflüssigkeit auf die Zellwand ausübt. Vergleichbar ist das mit einem Luftballon: Beim Aufblasen drückt die Luft gegen die Ballonwand und der prall gefüllte Ballon stabilisiert sich. Nur ist es bei der Pflanze nicht der Luftdruck, sondern der Turgor, der die Zellwand durch Wassereinlagerung stabilisiert. Durch ihn können Blätter auf- oder abgesenkt, aber auch wie beim Kompasslattich einfach verdreht werden. Solche Pflanzen könnten als lebendige Vorbilder für die Entwicklung von Verschattungseinrichtungen an Gebäuden dienen.

Verschattungseinrichtungen

Lamellen	Jalousie
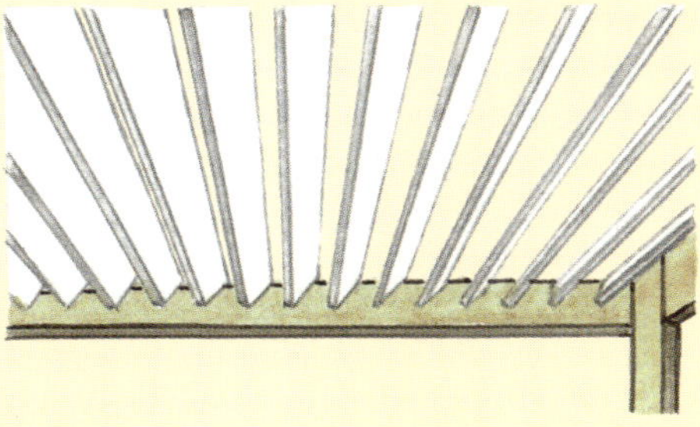	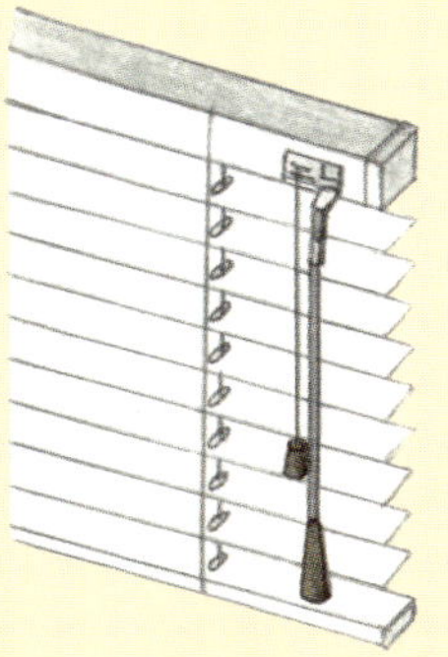

Verschattungseinrichtungen sichern ein behagliches Gebäudeklima und verhindern das Eindringen von schädlicher UV-Strahlung. Nach dem Vorbild der Natur lassen sich die Verschattungseinrichtungen an Gebäudefassaden nicht nur regulieren, sondern mit ihnen auch der Energiehaushalt des Gebäudes beeinflussen. Beispielsweise kann im Sommer der Kühleffekt gleichzeitig mit der Gewinnung von elektrischer Energie verbunden werden, wenn die Oberflächen der Verschattungseinrichtungen mit Solarzellen bestückt sind. Solarzellen sind Energiewandler, die die Strahlungsenergie von Licht in elektrische Energie umwandeln.

Am Wegesrand

Es gibt in der lebenden Natur noch so viel Interessantes und in die Technik Übertragbares zu entdecken. Noch längst ist nicht alles erforscht und viele faszinierende Entdeckungen warten darauf, in Erfindungen umgesetzt zu werden. Die lebende Natur ist eine »Schatzkiste«. Wer etwas entdecken und erfinden will, muss von den Pflanzen und Tieren lernen, genau beobachten, experimentieren, Modelle anfertigen und daraus neue technische Lösungen entwickeln. Das ist eine spannende und aufregende Beschäftigung.

Arbeitsblatt 1: Quiz – Vervollständigen

Mit dem Quiz kann überprüft werden, welches Wissen aus dem Buch behalten wurde. Dazu sind die angefangenen Sätze richtig zu vervollständigen. Es ist zu beachten, dass immer nur eine Antwort zutreffend ist. Die einzelnen Buchstaben in den Kästchen ergeben dann am Quizende das gesuchte Lösungswort.

1. **Wie heißt jener Winkel, der ein Maß für die Benetzbarkeit einer Oberfläche mit Wasser darstellt?**

a. Blattwinkel
b. Randwinkel
c. Tropfenwinkel

Trage den **3. Buchstaben** der richtigen Antwort in die Lösungszeile ein.

2. **Welcher Käfer besitzt an den Beinen als Haftorgane Saugnäpfe?**

a. Holzbock
b. Marienkäfer
c. Gelbrandkäfer

Trage den **6. Buchstaben** der richtigen Antwort in die Lösungszeile ein.

3. **Wie wird der Farbstoff auf der Birkenrinde genannt?**

a. Alizarin
b. Betulin
c. Curcumin

Trage den **3. Buchstaben** der richtigen Antwort in die Lösungszeile ein.

4. **Welcher Vogel hat einen Stoßdämpfer im Kopf?**

a. Kleiber

b. Wendehals

c. Buntspecht

Trage den **2. Buchstaben** der richtigen Antwort in die Lösungszeile ein.

5. **Welche Pflanze verfügt in ihrer Blüte über ein Fliegengefängnis?**

a. Sonnenblume

b. Aronstab

c. Nelke

Trage den **2. Buchstaben** der richtigen Antwort in die Lösungszeile ein.

Lösungswort:

1	2	3	4	5

HERSTELLUNG DER EXPERIMENTIEREINRICHTUNG

Zum Nachweis des Selbstreinigungseffektes an Blattoberflächen ist eine geeignete Experimentiereinrichtung erforderlich. Eine solche Einrichtung soll einfach im Aufbau sein, sich durch geringen Materialaufwand und entsprechende Funktionserfüllung auszeichnen. Die Experimentiereinrichtung besteht aus einem Lupenaufnahmeteil und einem Schiebeladenständer. Das Lupenaufnahmeteil dient zur Aufnahme einer größeren Lupe, die mit einer Winkelskalierung und einer Millimeterskala versehen ist. Die Winkelskalierung von 0 bis 180 Grad und die Millimeterskala werden auf eine durchsichtige Folie aufgezeichnet und auf dem Lupenglas befestigt. Mit der Winkelskalierung soll der Randwinkel α und mit der Millimeterskala der Durchmesser d des Wassertropfens auf der Blattoberfläche gemessen werden. Die Lupe wird vor dem Schiebeständer mittig positioniert, sodass die Linie der waagerecht aufgebrachten Millimeterskala mit der Oberkante der Schiebelade auf einer Höhe liegt. Der Ständer dient zur Aufnahme der Schiebelade, an der ein kleiner Rundstab zum Hin- und Herschieben befestigt ist. So können die einzelnen Blattprobenabschnitte von Hand der Messeinteilung auf der Lupe zugeführt werden. Handelsübliche Pipetten mit Skala dienen zur Aufnahme einer einheitlichen Wassermenge. Jede Blattprobe kann so mit einem Tropfen Wasser präpariert werden. Danach kann Tropfendurchmesser und Randwinkel auf jeder Blattprobe bestimmt werden.

Experimentiereinrichtung

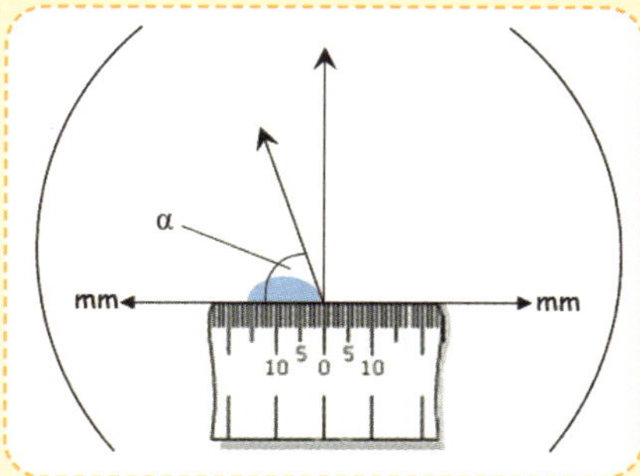

Lupenaufnahmeständer aus Holz (Kiefer)

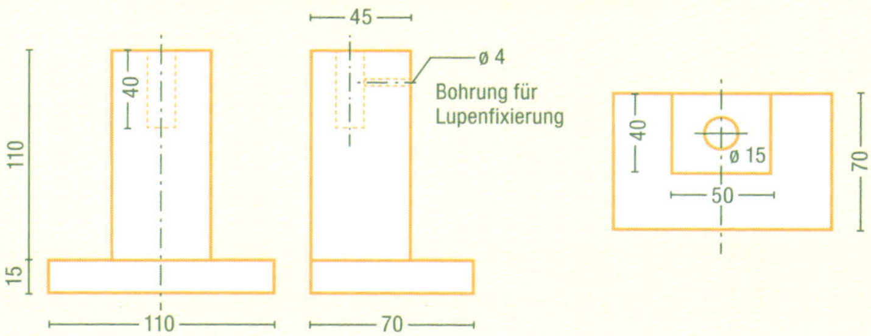

Ständer 1 mit Schiebelade 2 für Blattproben 1–7

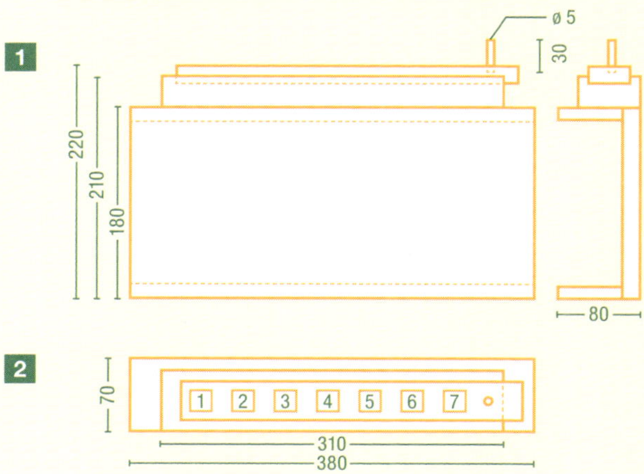

NACHWEIS DES SELBSTREINIGUNGSEFFEKTES

1. Sammeln und Bestimmen von acht verschiedenen Blattarten. Auch Blätter von Gartenpflanzen, wie Frauenmantel, Kapuzinerkresse und Kohlrabi eignen sich für das Experiment.
2. Ausschneiden von Quadraten (15 × 15 Millimeter) der verschiedenen Blattarten. Quadrate so schneiden, dass sich keine dickeren Blattadern in den Blattproben befinden.
3. Aufkleben der Blattproben in Reihe auf den Schieber. Dazu Pinzette verwenden. Blattproben nur ganz leicht auf dem Schieber mit Zellstofftuch andrücken, damit die Blattoberfläche nicht beeinträchtigt wird.
4. Auftragen gleichgroßer Wassertropfen mit der Pipette auf jede Blattprobe. Anschließend Randwinkel α und Tropfendurchmesser d auf den Blattproben ermitteln und in einer Tabelle notieren.

Blattart	Kontaktwinkel α (°)	Tropfendurchmesser d (mm)
■		
■		
■		

5. Ermitteln der Blattproben, die den Selbstreinigungseffekt besitzen und deren Auswahl begründen.

Danach können auch Randwinkel und Tropfendurchmesser auf technischen Oberflächen, wie beispielsweise Kunststofffolien, Papier, Pappe, Fotopapier, Holz, Keramik und Metall bestimmt werden. Auch hier lässt sich die Größe des Kontaktwinkels als Maß für die Benetzbarkeit der Oberflächen ermitteln.

Kreativitätstraining: Wortwurm S. 19

Das gesuchte Lösungswort heißt »Saugorgan«.

Kreativitätstraining: Ergänzungskonstruktion S. 24

Siehe Abbildung (rechts) »Ergänzungskonstruktion«

Ergänzungskonstruktion

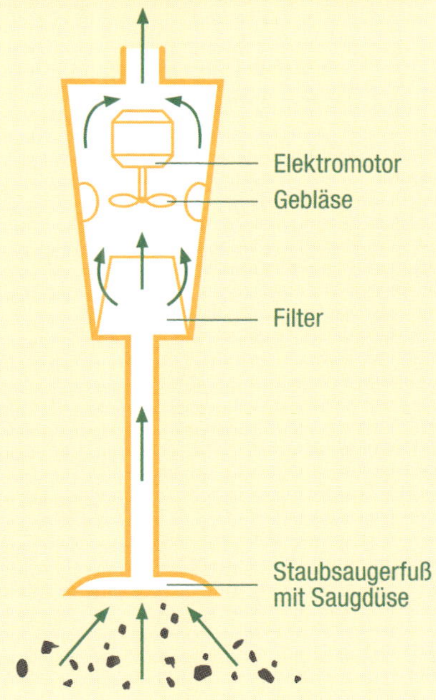

Kreativitätstraining: Bilder-Rätsel S. 36

Das gesuchte Lösungswort heißt »Wirbel«.

Kreativitätstraining: Deckelhebeeinrichtung S. 63

An der Unterseite des Eimers befindet sich ein wippenförmiger, zweiseitiger, gleicharmiger Hebel, dessen Kraftarm das Fußpedal bildet. Auf dem Lastarm ist eine Stange gelagert, die oben abgewinkelt ist. Der abgewinkelte Teil sitzt in einem Langloch, welches mittig unter dem Eimerdeckel angebracht ist. Beim Betätigen des Fußpedals wird die Stange nach oben bewegt. Der abgewinkelte Teil der Stange gleitet im Langloch nach vorn und hebt dadurch den Deckel an.

Kreativitätstraining: Käfer-Rätsel S. 77

Das gesuchte Lösungswort heißt: »Bionik«.

Arbeitsblatt 1: Quiz – Vervollständigen S. 80

Das gesuchte Wort heißt: »Natur«.

Technische Lösung zur Sortiereinrichtung S. 70

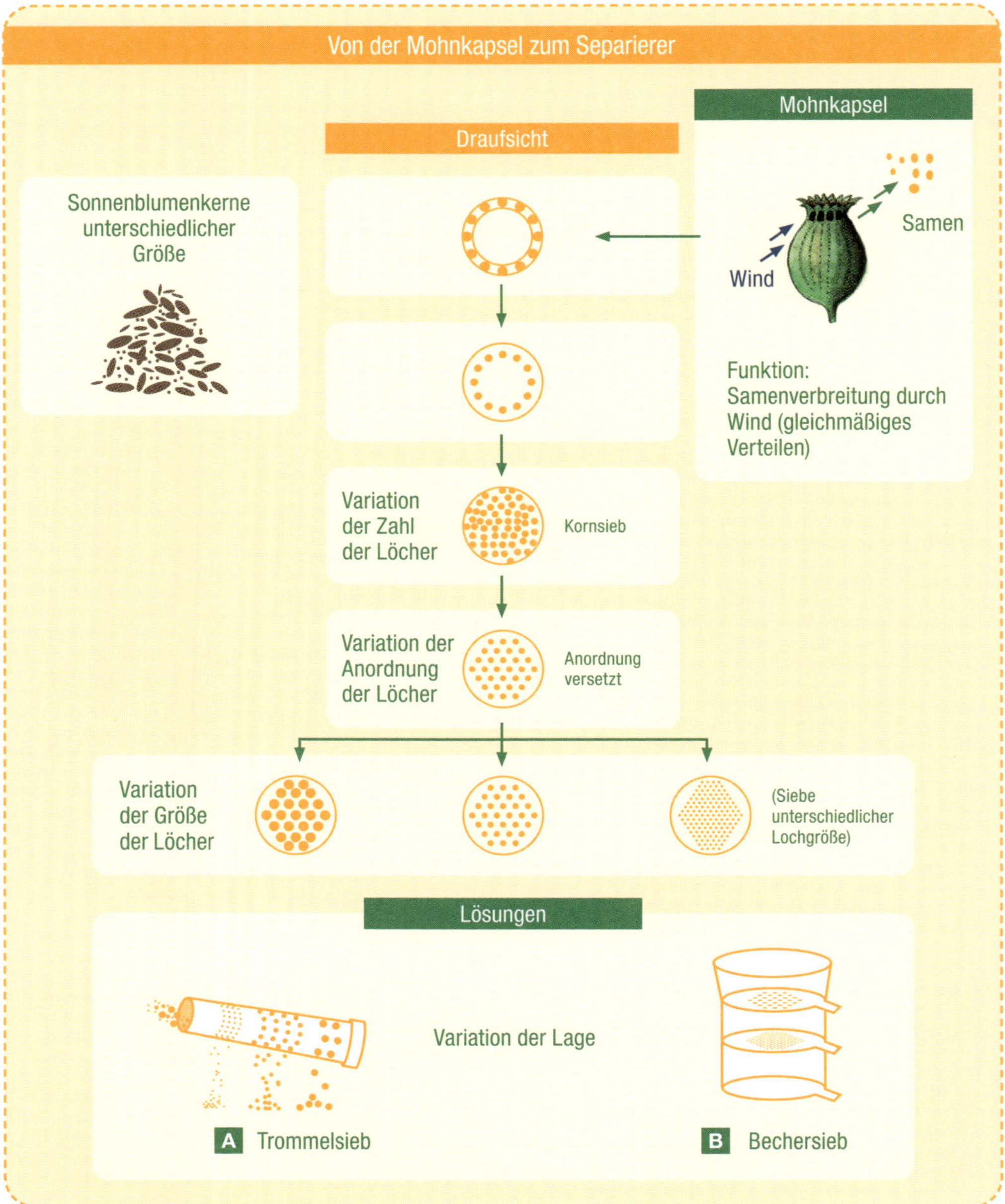

Literatur

Barth, F. G. (1982) Biologie einer Begegnung- Die Partnerschaft der Insekten und Blumen.-. Stuttgart: Deutsche Verlags Anstalt DVA.

Beier, M. (1959) Ohrwürmer und Tarsenspinner.- Die neue Brehm-Bücherei, Lutherstadt Wittenberg: A. Ziemsen Verlag.

Crome, W. (1951) Die Wasserspinne.- Die neue Brehm-Bücherei, Lutherstadt Wittenberg: A. Ziemsen Verlag.

Eckert, R. (1986) Tierphysiologie.- Stuttgart: Georg Thieme Verlag.

Francé, R. H. (1920) Die Pflanze als Erfinder.- Stuttgart: Kosmos- Gesellschaft der Naturfreunde.

Gruner, H.-E. (1982) Lehrbuch der speziellen Zoologie, Bd. 1 Wirbellose Tiere.- Jena: Gustav Fischer Verlag.

Hagemann, P. (1969) Kaum benutzt- hoch organisiert: Die Flügel des Ohrwurms.- 58. Jhrg.

Hensel, W. (1993) Pflanzen in Aktion.- Heidelberg, Berlin, Oxford: Spektrum Akademischer Verlag.

Hoffmann, K. H. (1891) Leuchtende Tiere: Chemie und biologische Bedeutung.- In: Biologie in unserer Zeit, 11. Jhrg., Heft 4, Weinheim: Verlag für Chemie GmbH, S. 97–106.

Küffner, G. (1998) Die Klappbrücke, die ihre Mechanik offen zur Schau stellt.- In: FAZ, S.15, Teil: Technik und Motor.

Meierhofer, H. (1926) Einführung in die Biologie der Blütenpflanzen,- Stuttgart: G. K. Lutz Verlag.

Müller, H. (1973) Die Flusskrebse.- Die neue Brehm-Bücherei, Lutherstadt Wittenberg: A. Ziemsen Verlag.

Naumann, H. (1955) Der Gelbrandkäfer.- Die neue Brehm-Bücherei, Lutherstadt Wittenberg: A. Ziemsen Verlag.

Neinhuis, C,; Barthlott, W. (1998) Lotusblumen und Autolacke- Ultrastruktur pflanzlicher Grenzflächen und biomimetische unverschmutzbare Werkstoffe.- In: Biona-Report 12, Stuttgart, Jena, Lübeck, Ulm: Gustav Fischer Verlag, S. 281–293.

Schildknecht, H,; Maschwitz, E.; Maschwitz, U. (1970) Die Explosionschemie der Bombardierkäfer: Struktur und Eigenschaften der Brennkammerenzyme.- In: Journal Insect Physiol., Vol. 16, Great Britain: Pergamon Press., S. 749–789.

Strassburger, E.; Noll, F.; Schenck,H.; Schimper, A. F. W. (1983) Lehrbuch der Botanik für Hochschulen.- Jena: Gustav Fischer Verlag.

Podhajská, Z. (1989) Interessantes aus der Welt der Pflanzen.- Prag: Artia Verlag.

Internetquellen:

Ellwood, J. (2011) Einige Beispiele der komplexen biologischen Strukturen.- http://www.cgg-online.de/wissenschaft/Evolution/KomplexeBiologie.htm aufgerufen am 6.7.2011.

Miura, K. (2001) Miura- Faltung.- https://de.wikipedia.org/wiki/Miura-Faltung aufgerufen am 28.10.2021.

Register

Fett markiert sind die Seiten mit Begriffserläuterungen.

Danksagung

Für wertvolle Hinweise bei der Manuskriptanfertigung möchte ich meiner Ehefrau Petra danken.

Frag' die Natur
Naturorientiertes Lernen

bereits erschienen

BIONIK – Die Natur als Ideenschmiede

Der erste Band unserer Sachbuchreihe »Bionik« gibt einen Überblick über die spannende und zukunftsorientierte Wissenschaft Bionik und ihre Anwendung. Er zeigt, wie die lebende Natur als Lösungsquelle für technische Probleme zielgerichtet und systematisch genutzt wird.

ISBN: 978-3-944575-30-8
bionik.knabe-verlag.de

BIONIK – Von Flugfrüchten abgeschaut

Mit Flugfrüchten können aufschlussreiche Experimente durchgeführt werden, um die Prinzipien des Gleit-, Schrauben- und Schirmfluges zu verstehen. Durch die Nutzung von Entdeckungs- und Erfindungsmethoden kann die Kreativität bei der Entwicklung von Flugobjekten nach Naturvorbildern gesteigert werden.

ISBN: 978-3-944575-31-5
bionik.knabe-verlag.de

BIONIK – Leichtbau

Leichtbauprinzipien der Natur zeigen auf eindrucksvolle Weise, wie bei der Verwirklichung von Konstruktionen mit einem Minimum an Biomaterial ein Maximum an Stabilität erreicht werden kann. Vorgestellt werden dabei natürliche Leichtbauprofile sowie interessante Faltprinzipien und ihre Anwendungen.

ISBN: 978-3-944575-32-2
bionik.knabe-verlag.de

BIONIK – Riesenseerose und Kristallpalast

Im Mittelpunkt steht eine Pflanze der Superlative – die Riesenseerose vom Amazonas. Leser erfahren Wissenswertes über dieses botanische Wunder und die unermüdliche Abenteuerlust ihrer Entdecker. Berichtet wird vom Stabilisierungsprinzip der Blätter der Riesenseerose und dessen Umsetzung beim Bau des Londoner Kristallpalastes.

ISBN: 978-3-944575-33-9
bionik.knabe-verlag.de

Frag' die Natur
Naturorientiertes Lernen

bereits erschienen

BIONIK – Schmetterlingen abgeschaut

Schmetterlinge sind wahre Überlebenskünstler, die viele Millionen Jahre lang allen ökologischen Veränderungen auf unserer Erde trotzten. Da es ihnen stets gelang, sich anzupassen, sind sie mit ihren interessanten Mechanismen zum Vorbild für allerlei Erfindungen des Menschen geworden.

ISBN: 978-3-944575-34-6
bionik.knabe-verlag.de

BIONIK – Vom Fliegen

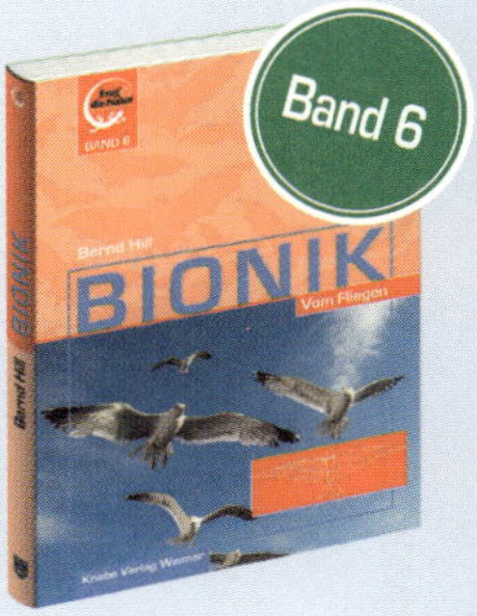

Der Traum des Menschen, sich den Vögeln gleich in die Lüfte zu erheben, hat sich mit der Erfindung des Flugzeuges verwirklicht. Dabei haben sich die Erfinder stets am Flug der Vögel und der vielen anderen flugfähigen Lebewesen orientiert. Auf diese Weise konnten sie wichtige Prinzipien entdecken und die gewonnenen Erkenntnisse bei der Entwicklung von Flugobjekten umsetzen.

ISBN: 978-3-944575-35-3
bionik.knabe-verlag.de

BIONIK – Schätze aus dem Tropenwald

Unsere Regenwälder sind eine wahre »Schatzkiste des Lebendigen«. Kein Wunder, dass Ingenieure, Architekten, Ökologen und Pharmakologen in dieser reich gefüllten Schatztruhe nach genialen Erfindungen und raffinierten Tricks der Natur suchen. Im siebten Band der Reihe werden Bedeutung, Schutz und vielfältige Nutzungsmöglichkeiten des Tropenwaldes aufgezeigt.

ISBN: 978-3-944575-36-0
bionik.knabe-verlag.de

BIONIK – Schwimmen und Tauchen

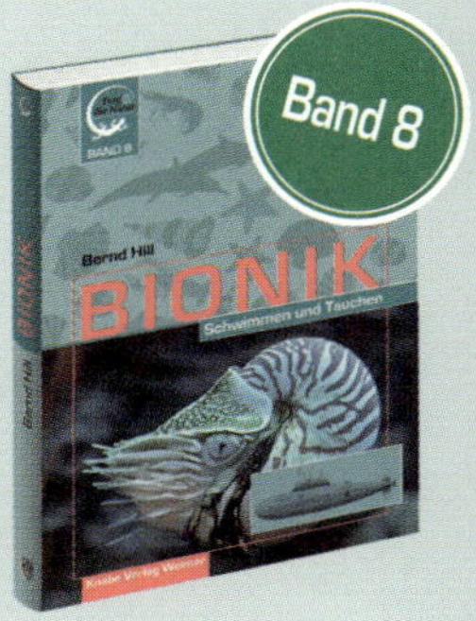

Schwimmen und Tauchen sind wichtige Bestandteile der Bewegungsbionik. Der achte Band unserer Sachbuchreihe »Bionik« führt anschaulich in diese Fortbewegungsmöglichkeiten im Wasser ein. Im Mittelpunkt stehen dabei historische Betrachtungen, physikalische Grundlagen und interessante biologische und technische Sachverhalte.

ISBN: 978-3-944575-37-7
bionik.knabe-verlag.de

bereits erschienen

BIONIK – Wärmedämmung

Lebewesen sind von ihren Umgebungstemperaturen abhängig und benötigen für ihre Körperfunktionen bestimmte Vorzugstemperaturen. Sei es das Fell der Säugetiere, das Federkleid der Vögel oder die Kleidung des Menschen – die Wärmedämmung hat eine wichtige »Überlebensfunktion«.

ISBN: 978-3-944575-38-4
bionik.knabe-verlag.de

BIONIK – Seil- und Netzkonstruktionen

Spinnen sind faszinierende Lebewesen: Ihre bizarren Netzkonstruktionen versetzen uns in Erstaunen. Sie sind nicht nur raffiniert gebaut, sondern zeichnen sich durch äußerste Festigkeit und Elastizität aus. Kein Wunder, dass sich der Mensch für die Entwicklung technischer Konstruktionen seit jeher an diesen Netzgebilden orientiert.

ISBN: 978-3-944575-39-1
bionik.knabe-verlag.de

BIONIK – Klimatisierung und Lüftung

Viele interessante Anregungen sind in den Bauten von Tieren zu finden, die raffinierte Lösungen zur Klimatechnik aufweisen. Anhand der Leitlinie »Biologische Phänomene zu natürlichen Klimaanlagen entdecken und nach ihnen technische Lösungen zu erfinden«, werden viele solcher Lösungen aus dem Tierreich in dem vorliegenden Band anschaulich dargestellt.

ISBN: 978-3-944575-40-7
bionik.knabe-verlag.de

BIONIK – Schönheit der Natur

Beim Betrachten bunt schillernder Schmetterlinge, farbenprächtiger Blüten von unübersehbarer Formenfülle und filigran geformter Kieselalgen erleben wir die überwältigende Schönheit der lebenden Natur. Dieser Band zeigt anschaulich viele solcher Formen und Muster an Beispielen auf und gibt Hinweise zu Nutzungsmöglichkeiten des Naturdesigns.

ISBN: 978-3-944575-41-4
bionik.knabe-verlag.de

Frag' die Natur
Naturorientiertes Lernen

bereits erschienen

BIONIK – Tarnen und Täuschen

Überall in der lebenden Natur wird getrickst, gedroht, getarnt und versteckt, um zu überleben. Viele Tiere und Pflanzen sind regelrechte Meister der Tarnung und Täuschung. Es gibt Pflanzen, die wie Tiere aussehen, und umgekehrt Tiere, welche die Gestalt und Farbe von Pflanzen annehmen.

ISBN: 978-3-944575-42-1
bionik.knabe-verlag.de

BIONIK – Wettrüsten der Sinne

Im Laufe der Evolution sind bei Pflanzen und Tieren trickreiche und raffinierte Strategien entstanden, die sie vor Fressfeinden schützen. Für das bessere Aufspüren von Beutetieren haben sich bei Fressfeinden aber genauso ausgeklügelte Sinne entwickelt. Man kann also sagen, dass das Herausbilden von Überlebensstrategien einem »Wettrüsten« der Evolution ähnelt.

ISBN: 978-3-944575-43-8
bionik.knabe-verlag.de

BIONIK – Arznei und Kosmetik

Medikamente gegen Krankheiten wollen Pharmaforscher aus Tieren und Pflanzen gewinnen. Die Kosmetikindustrie lernt ebenfalls von der Natur und setzt auf die Quelle tropischer Regenwälder. Dieser Band berichtet über diese und noch viele andere interessante Vorbilder aus der Natur, die sich in Medizinprodukten und Kosmetikartikeln wiederfinden.

ISBN: 978-3-944575-44-5
bionik.knabe-verlag.de

BIONIK – Verpacken

Verpackungen von Lebensmitteln und anderen Konsumgütern aus verschiedensten Materialien begegnen uns im Alltag in vielfältigen Formen. Die lebende Natur zeigt uns jedoch Wege, Verpackungen umweltgerecht zu gestalten. Wie man von den Verpackungsmöglichkeiten und -strategien der Natur lernen kann, wird in diesem Band veranschaulicht.

ISBN: 978-3-944575-45-2
bionik.knabe-verlag.de

bereits erschienen

BIONIK – Roboter und Prothesen

Schon seit langer Zeit träumt der Mensch davon, Roboter nach seinem Ebenbild zu entwickeln. Der Verwirklichung dieses Traumes kommt man heute immer näher. Roboter sind heute überall anzutreffen. Sie sind längst nicht nur in der Industrie und Medizin zu finden, sondern sind auch fleißige Helfer als Staubsauger- und Mähroboter bei uns zu Hause im Einsatz.

Der vorliegende Band gibt einen anschaulichen Überblick über die Vielfalt und Einsatzmöglichkeiten von Robotern und Prothesen. Außerdem erfährt der Leser viel Wissenswertes über die geschichtliche Entwicklung vom Automaten bis hin zum intelligenten Roboter. Es wird an verschiedenen Beispielen aufgezeigt, wie Roboter nach Vorbildern aus der Natur entwickelt werden und was man über ihren grundlegenden Aufbau und ihre Funktionen wissen sollte.

ISBN: 978-3-944575-46-9
Weitere Infos unter: bionik.knabe-verlag.de

in Vorbereitung

BIONIK – Evolution in Natur und Technik

In diesem Band werden wichtige Erkenntnisse über die Evolution in Natur und Technik an zahlreichen Beispielen vorgestellt. Wir begleiten den Begründer der Evolutionstheorie, Charles Darwin, auf seiner fünfjährigen Weltreise mit dem Forschungsschiff »Beagle«. Dabei sammelte er Einblicke und Erfahrungen, die zur Ausarbeitung seiner Theorie über die Veränderlichkeit der Tier- und Pflanzenarten hilfreich waren.

Es sind aber nicht nur Tier- und Pflanzenarten im Laufe der Evolution Veränderungen unterworfen, sondern auch die menschliche Technik. Die Evolution in der Technik beruht auf den kreativen Tätigkeiten des Menschen: Entdecken und Erfinden.

ISBN: 978-3-944575-44-5
Weitere Infos unter: bionik.knabe-verlag.de